中公新書 2542

渡邉義浩著

漢 帝 国——400年の興亡

中央公論新社刊

はじめに

中国を最初に統一した秦《しん》帝国に代わった漢《かん》帝国は、王莽《おうもう》による中断を挟み、前漢《ぜんかん》・後漢《ごかん》と合わせて四百年以上続いた、中国史上最長の統一帝国である。むろん、殷《いん》王朝や周《しゅう》王朝は、漢帝国よりも長く続いている。両王朝が、中国の源流であることは間違いないが、その領土は小さく、大づかみに他の都市国家を支配するだけで、民の一人ひとりを直接支配しようとするものではなかった。

また、秦以降の中国国家は、秦が始めた郡県《ぐんけん》制など中央集権的な統治機構が内部から崩壊し、たとえば、中世的な封建《ほうけん》制へと移行する、という形で国家が滅亡することはなかった。中央集権的な統治機構はそのままに、国家全体が農民反乱に覆《くつがえ》されるのである。ただし、反乱の主体となった農民のための国家は、毛沢東《もうたくとう》の中華人民共和国まで生まれることはなく、農民反乱の後は、その指導者が皇帝となり、秦と同じような中央集権国家が再編され、それが農民反乱で滅亡するまで続く、という歴史を繰り返した。ヘーゲルが中国を「持続の帝国」と呼び、中国史を停滞と決めつけた理由である。

ヘーゲルのような皮相な見方ではなく、なぜ同じ「かたち」で国家が組みあがるのかを考えたとき、始皇帝《しこうてい》が創りあげた「かたち」をもとに、漢代に中国の規範とすべき「国のかたち」が定まったことの重要性に気づく。

清《しん》まで続く「中華帝国」、そして今日も中国人の大多数を占める「漢民族」の形成には、漢帝国が決定的な役割を果たした。それは、民族を「漢」民族、その文字を「漢」字と呼ぶことにも明らかであろう。橋本萬太郎（編）『漢民族と中国社会』（山川出版社、一九八三年）は、漢民族とは「漢字を識っている人びと、および漢字を識ろうと願っていた人びとの集団」であると定義する。しかし、仮名《かな》があくまで真名《まな》（漢文）に対して、「仮」のものに過ぎなかったように、前近代日本における公的文書は、漢文を基調として書かれた。したがって、橋本が自らも認めるように、こうした定義では、前近代の日本人も朝鮮人もヴェトナム人もすべて漢民族となってしまう。

「漢」民族・「漢」字という呼称は、中国が自らの古典として漢帝国を尊重し続けてきたことの象徴的表現であろう。本書は、そうした漢を「古典中国」と位置づける。ヨーロッパにおいて、ギリシア・ローマを古典古代と呼び、「すべての道はローマに通ず」と称するような規範性が、漢帝国にも備わっていると考えるのである。「古典中国」は、「儒教国家」の国制として、後漢の章帝《しょうてい》期に白虎観《びゃくこかん》会議により定められた中国の古典的国制と、それを正統化する儒教の経義《けいぎ》により構成される。これによって支えられた皇帝・天子《てんし》の中央集権的な支配制度は、こののち清の崩壊まで、あるいはその理念は、中華人民共和国まで、続いていく。

もちろん新たなる社会の到来とともに、「古典」を解釈し直すことは必要であった。「古典中国」を完成した漢帝国も、やがては滅亡するためである。そののち、中国は三国《さんごく》時代へと移行する。三国時代を必然化した漢帝国の限界とは何か。漢帝国を実質的に滅ぼした曹操《そうそう》の諸政策を分析することは、それを明らかにするための一つの手段である。一方、諸葛亮《しょかつりょう》が劉備《りゅうび》を擁立して季漢《きかん》（季は末子の意。地域名から蜀漢《しょくかん》とも。漢が正式な国名）を建国したことは、四百年続いた漢帝国が滅亡した後に、伝統として持つに至る「漢」の影響力、そして「漢」の古典化の始まりと考えることができる。「漢」の伝統と古典性は、宋《そう》の朱子学《しゅしがく》に、そして清の漢学《かんがく》に守られ、現在の中国にも影響を与え続けている。

本書は、漢帝国の歴史を叙述しながら、漢帝国が作り出した「古典中国」とは何か、という問題に迫るものである。

目次

地図作成・地図屋もりそん

漢帝国

――400年の興亡

第一章　項羽と劉邦

時に利あらず

1　垓下の歌

楚の名門

漢帝国を建国した劉邦《りゅうほう》は、『漢書《かんじょ》』顔師古注《がんしこちゅう》によれば、名は邦《ほう》、字《あざな》（呼び名）は季《き》である。ただし、『史記《しき》』高祖本紀《こうそほんぎ》［劉邦の本紀、本紀は皇帝の年代記］には、字は季という記述しかない。唐《とう》の司馬貞《しばてい》『史記索隠《さくいん》』は、季が名なのではないか、と『漢書』の注が引く荀悦《じゅんえつ》の説に疑義を呈する。劉邦の長兄の名は「伯《はく》」［長男という意味］、次兄の名は「仲《ちゅう》」［次男］、「季」は末っ子という意味である。ちなみに、劉邦の父は、太公《たいこう》［とうさん］、母は媼《おう》［おばさん］という。劉邦は、名もない農民の出身であったと考えてよい。邦［国という意味］という立派な名は、偉くなってから付いたものなのであろう。

一方、項羽《こうう》（羽は字。名は籍《せき》）は、楚の将軍であった項燕《こうえん》の孫である。項氏は、代々楚の将軍を務めた名門であった。たとえば、秦に対して最初に反乱を起こした楚の農民である陳《ちん》勝《しょう》と呉広《ごこう》は、民の支持を集めるため、偉い人の名を借りた。陳勝は、扶蘇《ふそ》を名乗る。扶蘇は、始皇帝の長子でありながら、二世皇帝を立てて専権を振るう宦官《かんがん》の趙高《ちょうこう》に殺されたために、人望があった。弟の二世皇帝を兄が討つのであるから、大義名分も立つ。そのとき、呉広は、のであった。

項燕を名乗った。かれら楚の人々にとって、項氏は、滅んだあとも楚国を代表する将軍家なのであった。

項羽は、両親を早く亡くしたため、季父《おじ》の項梁《こうりょう》に養育された。二世皇帝の二（前二〇九）年に陳勝・呉広の乱が起きると、項羽は項梁とともに挙兵する。秦は国政を趙高に壟断《ろうだん》されながらも、軍事力はなお強大であった。秦の将軍章邯《しょうかん》らの攻撃に、陳勝は敗死する。一方、項梁は、范増《はんぞう》の助言に従い、旧楚国の王家の末裔を探し出す。これを楚の「懐王《かいおう》」［のち義帝］に祭り上げることで反秦勢力を結集し、大きく勢力を拡大した。しかし、秦の章邯の奇襲によって項梁は戦死する。これを恨んだ項羽は、一時的に章邯が居城としたものの、すでに去っていた定陶城《ていとうじょう》の民をみな殺しにした。民に罪はない。その強さとともに、項羽への恐怖心が、人々に植えつけられた。

やがて項羽は、項梁に代わって楚の指導者となった宋義《そうぎ》を殺し、楚軍の実質的な総大将となる。懐王からは「最初に関中《かんちゅう》に入ったものを関中王とする」との約束が掲げられた。それを承《う》けて、迂回ルートで関中にある秦都咸陽《かんよう》を目指した劉邦に対して、項羽は秦の章邯と正面から戦うことを選んだ。

そのころ章邯は、旧趙《ちょう》国の鉅鹿郡《きょろくぐん》を包囲していた。項羽は、渡河した後、兵士に三日分の兵糧だけを与え、残りの物資とともに船を沈めた。三日で決着がつかなければ全滅との必死の覚悟を持たせたのである。こうして項羽は、章邯を破り、反秦諸軍は、項羽に服属する。項羽は、上将軍《じょうしょうぐん》となった。項羽は、その後も秦軍に連勝し、章邯は降伏した。そのとき項羽は、二十万以上の秦兵を捕虜にした。だが、暴動の気配が見えるとして、新安城《しんあんじょう》の南で生き埋めにした。人心を失う蛮行である。

趙高は、章邯が項羽に大敗し、劉邦が咸陽の近くに迫っていることを聞くと、二世皇帝に暴政の汚名を着せたうえで殺害した。そして、二世皇帝の兄の子といわれる子嬰《しえい》を秦王に立てて、民心の安定を図った。だが、子嬰は、趙高を殺害し、咸陽へ入城した劉邦に降伏した。漢の高祖元(前二〇六)年、秦は、ここに滅亡する。子嬰は、劉邦から命を保証された。

鴻門の会

項羽が関中に入ろうとすると、すでに人望厚い劉邦が、武関《ぶかん》から関中に入り、秦を滅ぼしていた。しかも、劉邦は函谷関《かんこくかん》を閉じていた。「抵抗の意志があります」。そう伝える劉邦の部下もいた。項羽は、功績を横取りされたと思い、大いに怒って劉邦を攻め殺そうとする。

劉邦の軍師である張良《ちょうりょう》と旧交のあった項羽の叔父の項伯《こうはく》は、当時覇上《はじょう》に駐屯していた劉邦軍に、夜ひそかに馬を走らせ、張良を脱出させようとした。張良は、それを拒否して、一部始終を劉邦に伝える。劉邦は驚き、項伯と会って、姻戚《いんせき》関係を結ぶことを約束した。そし

図表１－１　秦滅亡後の領域と戦争の経緯

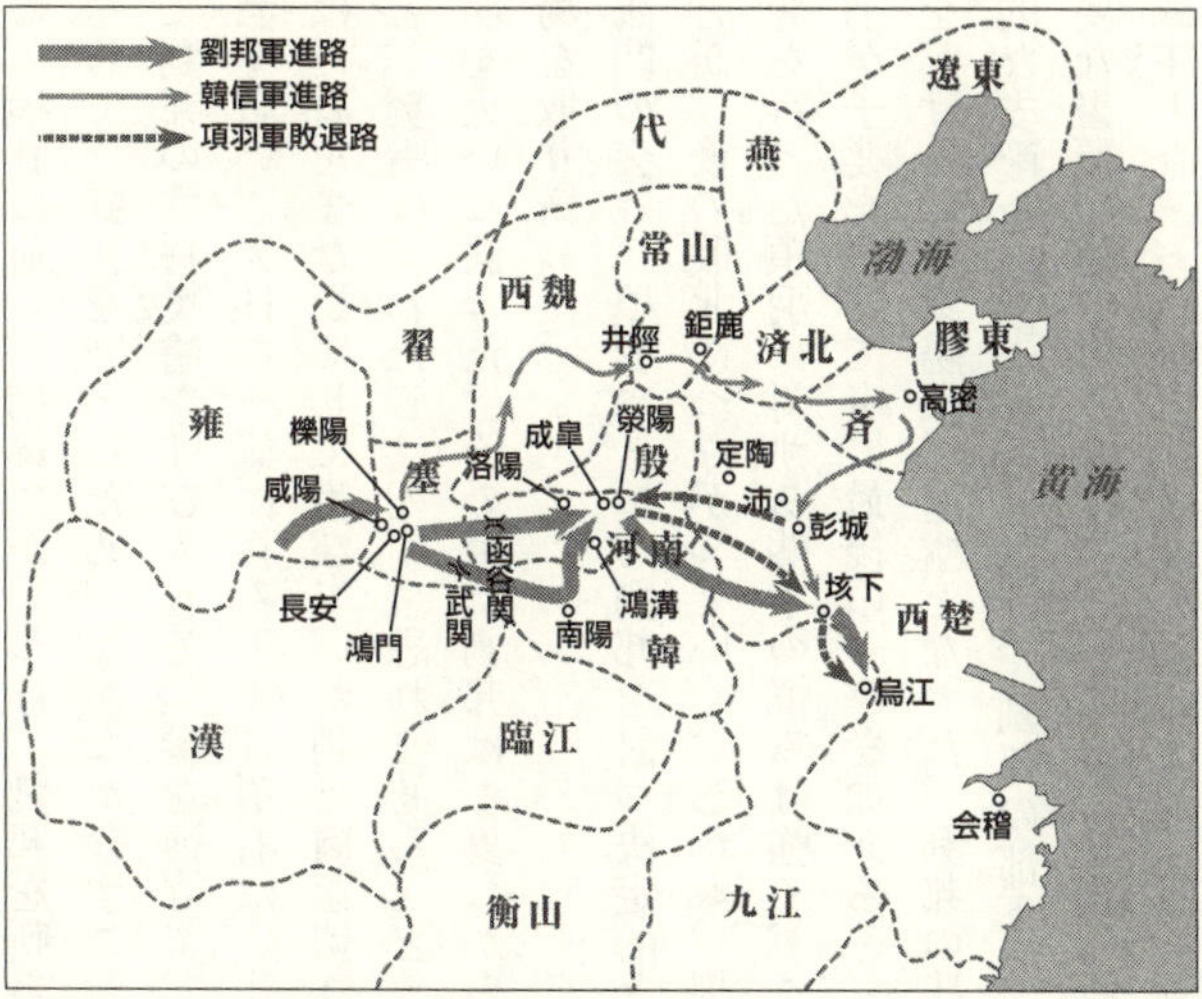

て、項伯に、「咸陽に入って以来、宝物を奪うこともせず、項将軍をお待ちしておりました。函谷関に兵を置いたのは、盗賊と非常時に備えたものです。どうか、これを項将軍にお伝えください」と言い訳をした。項伯は、この弁明を信じた。ただし、それを項羽へ伝える条件として、劉邦が明朝、鴻門《こうもん》にある項羽の陣営へ自ら来て、謝罪する必要があるという。劉邦は、これを受け入れた。一方、項羽も、項伯の取り成しによって怒りを和らげ、弁明を聞くことにした。こうして「鴻門の会」が行われる。

項羽の軍師として「亜父《あほ》」「父に次ぐもの」と呼ばれて尊重されていた范増《はんぞう》は、劉邦の大志を恐れ、宴会の際に殺そうとする。項荘《こうそう》に命じ、剣舞にかこつけ、劉邦を斬らせようとしたのである。しかし、項伯も剣舞をして、劉邦を守ったため、なかなか殺すことができない。事態の急を見た張良は、外に出て劉邦の武将樊噲《はんかい》を呼び入れる。髪を逆立て、護衛の兵士をはじき飛ばした樊噲は、項羽に酒を請い、大杯を一気に呑み干す。項羽は「壮士である」と、豚の生肩肉を一塊出す。樊噲は、盾をまな板にして帯びていた剣で肉を切り刻み、平らげた。項羽が、さらに酒を勧めると、樊噲は「わたしは死すら恐れません。どうして酒を断りましょうか」と飲み、劉邦の弁明を大いに語った。その隙に劉邦は、裏口から逃れ、死地を脱出する。あとは、張良がその場を取り繕った。

鴻門の会は、項羽にとって劉邦を討つ決定的な好機であった。ここで劉邦を討てなかったことが、後の敗北につながっていく。しかも、劉邦が関中の民に寛容であったことに比べて、略奪を行った項羽に対する関中の恨みは強く、こののち関中の民は、劉邦を支え続けていく。項羽が子嬰を殺して秦に最後の一撃を加えると、項羽軍は、阿房宮《あぼうきゅう》から美女や財宝を略奪し、火をかけられた咸陽は、廃墟となった。劉邦の建国する漢が、こののち、秦と同様の中央集権的な支配を回復できた一因は、劉邦の部下である蕭何《しょうか》が、焼け落ちる咸陽から、統治に必要な書類を運び出させたことによる。文書行政こそ中央集権の要であった。

覇王《はおう》となった項羽が、劉邦を漢中《かんちゅう》［四川省北部］の地に左遷し、関中［陝西《せんせい》省］を章邯ら秦の旧将に領有させたにもかかわらず、劉邦が関中をすぐに取り戻せたのは、この鴻門の会を乗り越えたからである。范増もまた、項羽が劉邦を討たなかったことに憤慨し、こののち、劉邦の謀臣陳平《ちんぺい》の離間策にかかって、項羽と対立していく。范増を失ったのちの楚軍は、張良・陳平の策謀に対抗する力を失い、次第に追い詰められていくのである。

漢の三傑

劉邦は、青年時代から任侠を好み、泗水《しすい》の亭長《ていちょう》［宿泊所も管理する駐在］となった折に、陳勝・呉広の乱が起きた。沛《はい》の父老から推し立てられた劉邦は、蕭何らの補佐を得て次第に勢力を拡大する。ただし、当初から天下を取れると考えていたとは思われない。劉邦は、項羽に勝った理由について、「自分は蕭何・張良・韓信《かんしん》を使いこなせたが、項羽は范増一人すら使いこなせなかった。これが項羽の滅亡した原因である」と述べている。かれらを「漢の三傑《さんけつ》」という。「漢の三傑」は、戦略を担当する張良、行政と後方支援を担当する蕭何、戦闘指揮を担当する韓信という形で、役割分担がしっかりしている点に強みがある。劉邦は、異なる三人の才能を見事に引き出した君主と言えよう。

蕭何は、劉邦と同じく沛県の出身で、若いころから属吏となっていた。その仕事は、第一等と高く評価された。秦末の動乱期に、部下の曹参《そうさん》らとともに沛の県令を殺害して、劉邦を後釜に据えた。以降、劉邦陣営における事務のすべてを取り仕切り、兵を足し食を足した。

張良は、代々韓《かん》の宰相を務めた家に生まれた。韓が秦に滅ぼされたのちは、勇士を傭って始皇帝の暗殺を試みたが、失敗している。そののち、多くの将に自らの兵法を説いたものの、その策を素直に受け入れ、実践に採用したものは劉邦だけであった。張良は、「まことに天授の英傑である」と劉邦を評価し、その配下に留まる。

やがて、項梁が義帝を擁立すると、張良は韓の公子であった韓成《かんせい》を韓王に立てるよう項梁に進言する。それが認められると、張良は韓王の申徒《しんと》〔司徒、宰相にあたる〕となり、韓王に従って旧韓の城を占領したが、秦に奪い返された。そこに進軍してきた劉邦に合流し、旧韓の数十城を攻め取り、その一つに韓王を留めた。そのうえで自らは劉邦に従って、秦に攻め上がり、買収策により武関を陥落させ、咸陽に入城する。都の美女や財宝にひかれ、ここに留まろうとした劉邦を叱咤し、咸陽を出て覇上に駐屯させたところに、項伯が訪れたのである。

こののち、張良は再び韓王成のもとに戻ろうとするが、成は、項羽に殺された。遺体を丁重に埋葬した張良は、甥の信を探し出して成信侯《せいしんこう》にすると、以後は正式な劉邦の臣下として、その天下統一を助けたのである。

韓信は、蕭何から「国士無双《こくしむそう》」と称えられた。蕭何は、「韓信の才能は将軍ではなく、大将軍として初めて発揮される」と劉邦に抜擢を勧めた。劉邦は蕭何への信頼に基づき、項羽軍から亡命してきた韓信を大将軍に任命する。大将軍には、国のグランドデザインを描く能力、それを実現するための長期的な戦略と行動計画、そして戦いに勝利する統率力が必要である。したがって、「国士無双」、その国で並ぶことのない能力を持つものを任命しなければならない。韓信はそれに耐え得る器《うつわ》の持ち主であった。こののち、韓信は背水《はいすい》の陣など常識に囚われない戦法と大きなビジョンにより、項羽を追い詰めていく。ただし、劉邦は、天下統一の後、軍功が全くない蕭何の功績を第一とした。国家を安定させた政治力に加えて、韓信の大器を見抜いた蕭何の眼力を高く評価したのである。

四面楚歌

「漢の三傑」の活躍により、劉邦が勢力を増大していく以前、秦の滅亡後に実権を掌握した項羽は、郡県制を廃止すると、劉邦たちを王に封建した。楚に強く残る氏族制社会〔共通の祖先を持つ血縁集団である氏族を基本単位とする社会〕に対応するために封建制を復活したのである。また、懐王を殺して、自ら「西楚《せいそ》の覇王」と称した。

しかし、項羽の封建制は、評判が悪かった。懐王との約束を反故《ほご》にし、劉邦を漢王としたように、恣意《しい》的に封建を行ったからである。加えて、郡県制による中央集権国家が形成され、

「戦国の七雄」が一つの大国に併合されていく、という歴史の流れにも逆行していた。しかも、個人として圧倒的に強かった項羽は、人の意見を聞くことがない。唯一、信頼していた范増も、劉邦の部下である陳平の離間策を真に受けて、信用しなくなった。

これに対して、項羽に敗れ続けた劉邦は、蕭何が関中を守り補給を続け、張良が基本戦略を定め、韓信が斉《せい》を平定して項羽の背後をおびやかし、彭越《ほうえつ》がゲリラ戦で項羽の糧道を断つなど、豊かな才能を自在に使いこなした。個々の戦闘では圧倒的に項羽が強かったにもかかわらず、狭量な項羽に反旗を翻した韓信や彭越を吸収して、次第に漢を優勢にしたのである。ことに韓信の働きは大きく、項羽は次第に追い詰められた。

劉邦は、侯公《こうこう》を使者に、鴻溝《こうこう》以西を漢、以東を楚として天下を二分する和平を提案する。項羽はこれを受け、戦闘態勢を解いて帰路についた。そのとき、張良・陳平の策により、劉邦はこれを追撃する。ところが、約束していた韓信も彭越も合流しない。張良は、「楚軍が敗れようとしているのに、韓信たちに領地を与えていません。二人が来ないのは当然のことです」と述べた。広大な領土を約束された韓信は斉より至り、劉賈《りゅうか》も城父《じょうほ》を攻め落として垓下《がいか》に迫った。楚の大司馬《だいしば》［軍事の枢要官］であった周殷《しゅういん》も項羽に背き舒《じょ》の兵を率いて、垓下に結集する。

漢の五（前二〇二）年、劉邦は総攻撃を開始した。先鋒の韓信は、一度は項羽に敗れたが、左翼から孔藂《こうそう》が、右翼から陳賀《ちんが》が攻めかかると、それに乗じて楚軍を大敗させた。楚の兵力は減り、軍糧は尽き果てた。夜も更《ふ》けてくると、四方から楚の歌が聞こえてくる。「漢はすでに楚を手に入れたのか。何と楚人の多いことか」。項羽は天命を知り、起き上がり酒を飲んだ。傍らには美人が侍《はべ》る。名を虞《ぐ》という。寵愛されていつも項羽に従っていた。駿馬がいた。名を騅《すい》という。千里を行く名馬であった。項羽は昂《たかぶ》る感情を歌にする。

力は山を抜き、気は世を蓋《おほ》ふ。
時に利あらずして、騅逝《ゆ》かず。
騅逝かざれば、奈何《いかん》す可き。
虞や虞や、若《なんぢ》を奈何せん。

『史記』項羽本紀

項羽は繰り返し謡《うた》い、虞美人も唱和した。項羽の目からは涙が数行下った。左右のものは俯《うつむ》いたまま、顔を上げることができなかったという。

歌い終わると項羽は、騅に乗った。従うものわずか八百余騎。夜明けになって、漢軍は初めて項羽の脱出に気づき、灌嬰《かんえい》が五千騎を率いて追撃した。項羽の首には、千金と一万戸の懸賞が掛けられた。途中、項羽は一人の農夫に道を尋ねた。農夫の教えた道は、大きな沼沢地に通じていた。人心は項羽から離れていたのである。それでも項羽は、漢軍の追撃を何回も振り切りながら、烏江《うこう》まで逃げ延びた。

烏江の亭長は、船の支度をして待っていた。もう一度、江東に戻り捲土重来《けんどちょうらい》を期すことを項羽に勧める。項羽は厚く礼を言い、騅を亭長に譲った。馬から下りても戦い続けた項羽は、漢軍の中に幼馴染の呂馬童《りょばどう》を見つける。「一万戸をおまえにくれてやろう」。項羽は自ら首を刎《は》ねて死んだ。

項羽が嘆いた「時に利あらず」の「時」とは、時代の流れである。春秋・戦国時代における氏族制社会の解体とそれに応じた支配システムの構築は、周を支えた封建制を「利あら」ざるものにしていた。戦国諸国の中でも、最も氏族制の解体が遅れていた楚の復興にこだわった項羽は、封建制に固執して「時」に乗り遅れたのである。

中国最初の国家である殷と周［それ以前に夏があったが支配体制は不明］は、いずれも氏族制社会を土台とする国家であった。春秋・戦国時代には、牛犂耕《ぎゅうりこう》と鉄製農具による生産力の普及を背景としながら、秦の「商鞅《しょうおう》の変法《へんぽう》」に代表される、上からの氏族制の解体によって、氏族制社会は地域的偏差を持ちながらも解体に向かっていた。そして、氏族制を最も先進的に解体させた秦によって、中国は統一された。項羽が覇王として施行した封建制は、こうした「時」の流れに逆らうものだったのである。

2　郡県制と大一統

商鞅の変法

項羽を飲み込んだ「時」の流れは、秦の孝公《こうこう》の宰相を務めた商鞅の改革から始まる。秦の統一の基礎を築いた商鞅の変法は、孝公の三（前三五九）年に始められた。

商鞅は、民に対しては、二人以上の男子がいる家を分家させる「分異《ぶんい》の令」を発布した。血縁によって結びついている大家族から成る氏族制を解体して、単婚家族［五人家族が標準］を創出するためである。その結果、創り出された単婚家族を編成したものが、「什伍《じゅうご》の制」である。これは、五家を単位として「伍《ご》」をつくり、連座制をもうけて、相互に監視させる制度である。「伍」は、徴税の単位であり、徴兵の単位でもあった。これによって、祖先を祭祀することで結びついていた氏族を単位とする支配ではなく、「伍」により組織された赤の他人を官吏が一人ひとり直接支配することを目指したのである。

商鞅は、支配者層に対しては、軍功に応じて爵位《しゃくい》を付与する「軍功爵制《ぐんこうしゃくせい》」を導入した。重要なことは、それを公族《こうぞく》［君主の一族］にも適用した点にある。それまで、たとえば王の弟は、血縁関係に基づき、国家に特別な功績がなくとも、高位・高官に就くことができた。

ところが、軍功爵制の導入により、弟であっても、現在持つ地位に応じた軍功を挙げなければ、公族としての戸籍を剝奪されるようになった。これにより、支配者層の氏族制的特権を解体しようとしたのである。

そして、民も公族も、軍功を挙げることによって得られる爵位に応じて、田宅・臣妾・衣服を受けられるようにした。こうして軍功によって、一気に高位・高官に駆け上ることも可能となり、秦の社会は急激に変動していくのである。

商鞅の「上からの氏族制の解体」が、ある程度の成功を収めたのは、秦は他の「戦国の七雄」に比べて後進国であり、本来的にも氏族制が弱体であったことによる。この結果、解体された一人ひとりを君主が直接把握することにより、国家の中で君主のみが唯一強力な権力を持つ、始皇帝の目指す国家体制が、次第に形成されていくのである。

また、商鞅は、治水灌漑《ちすいかんがい》を行い、県を置き、官僚を派遣して直接統治することで、君主個人の権力を増強した。それは、君主の一族であっても軍功がなければ爵位を与えない軍功爵制と、農民の累世同居を禁止する分異の令により、支配者と被支配者双方の氏族制を積極的に解体しながら行われた。そして、人民管理政策の什伍の制により、人々を伍に組織して、徴税などの連帯責任を負わせることで、君主が氏族制の規制を超えて、一人ひとりを直接支配する専制政治の基礎を作ったのである。

君主が権力を確立する際に、邪魔なものは、君主自身の伯叔父や兄弟であった。商鞅は、公族全員で権力を分かち合うのではなく、君主一人にすべての権力を集中して、他国との戦いに勝利しようとした。このため、軍功爵制により、公族の力を奪おうとしたのである。だが、それは、容易ではなかった。商鞅が宰相位にあった十年間に、君主権力は強化された。一方、特権を剝奪された公族は、商鞅を恨んでいた。それでも、商鞅が政治を担当し得たのは、孝公という庇護者の存在ゆえであった。しかし、考公の二十四（前三三八）年に孝公が薨去《こうきょ》し、太子の駟《し》が即位すると、反発は爆発する。商鞅は無実の罪を着せられ、自らが定めた車裂《くるまざき》の刑で処刑された。それでも、商鞅の変法そのものは継続され、秦はその国力を急速に増大させていく。

始皇帝の中国統一

秦は「西戎《せいじゅう》の覇者」と呼ばれた穆公《ぼくこう》のときから、西方異民族との交戦を通じて騎馬戦術を導入し、孝公のときの商鞅、秦王政《せい》のときの李斯《りし》など、能力があれば他国の出身者でも重用した。そして何よりも、分異の令と軍功爵制で氏族制を積極的に解体することにより、国力を増強した。こうして、秦王政の親政開始時には、他の六国を圧倒する力を持っていた。

始皇帝の二十六（前二二一）年、六国を平定した秦王政は、始皇帝と称すると、旧六国の地域にも、郡県制を施行する。丞相《じょうしょう》［総理大臣］の王綰《おうわん》たちは、燕《えん》・斉・荊《けい》［楚］の地が遠方であることを理由に、皇子たちを立てて王とする封建制を提案していた。これに対して、廷尉《ていい》［法務大臣］の李斯は、周の封建した同族の諸侯がやがて疎遠となって争いあったこと、秦の皇子や功臣には賞与を賜ればよいことを理由に、諸侯を置くことに反対する。始皇帝は、諸侯の国を建てることは、戦乱をたてるに等しい、と李斯の議を是《ぜ》として、天下を三十六の郡に分け、郡県制を施行することを定めたのである。

郡県制は、中央集権的な官僚制度であり、周から続いてきた封建制からの訣別であった。行政官として郡に守《しゅ》、県に令《れい》を派遣する一方で、尉《い》に郡の軍事力を掌握させ、守への権力集中を防ぐ。さらに監《かん》によって守と尉を監察して、すべての権力が皇帝に集まるようにした。そして、最も権力が集中しやすい郡の行政官である守には、県令を所属させず、それぞれ別々に皇帝に直属させたのである。こうして郡県制は、隋《ずい》より州県《しゅうけん》制と名称を変えながらも、基本的な仕組みが、こののち清まで継承された。二千年もの長きにわたり中国の皇帝支配を支えたものは、始皇帝が採用した郡県制なのである。漢はこれを継承する。

始皇帝はまた、画一的な統治が可能となるように、度量衡《どりょうこう》・貨幣［半両銭《はんりょうせん》］・文字［小《しょう》篆《てん》］を統一した。さらに、交通網を整備し、民間の武器を没収した。これらは、丞相となった法家《ほうか》の李斯の政策に基づき、厳格な法により徹底して行われた。李斯は、学問を吏から学ぶ法律のみに限って、実用的な価値を持つ医薬・占い・農業以外の書籍を焼き〔焚書《ふんしょ》〕、始皇帝の政治を批判した儒者を穴埋めにした〔坑儒《こうじゅ》〕という。ただし、本来、別々の事件であった「焚書」と「坑儒」を「焚書坑儒」と総称し、思想弾圧の典型として非難することは、秦を批判する漢代人の創作である。

こうして始皇帝は、久しく抱き続けた「中華統一」の理想を達成した。それは、政治制度としての郡県制と、のちの儒家から「大一統（一統を大《たふと》ぶ）」と名付けられた中国統一の尊重として特徴づけられる。商鞅から始まった、項羽を葬り去った「時」の流れは、始皇帝により決定的となった。漢の統治は、この「時」の流れに棹《さお》さすものである。

始皇帝が、全国に施行した郡県制は、中央集権的な官僚制度として、きわめて先進的な理想の支配制度であった。しかし、郡県制が機能するためには、氏族制の解体が必須であった。秦国内においても、軍功爵制により支配者層の氏族制を打破することには、時間が掛かった。そのため、秦は商鞅の変法以来、積極的に氏族制を解体し続け、郡県制を施行できる社会条件を整えてきたのである。これに対して、旧六国は、秦ほどには氏族制の解体が進まず、したがって、王に権力が集中せずに、秦に敗れた。それらの地域に、すぐ一律に郡県制を施行しても、氏族制が残存したままでは、効力を発揮できない。すなわち、制度の先進性に、社会がついてこられず、旧六国への支配は難航したのである。

また、始皇帝の理想は、「中華統一」の達成であり、「中華統一」の維持ではなかった。もし、後者が理想であれば、強力な指導力と決断力を持つ始皇帝によって、氏族制解体の不均等という新たな問題に、対策が練られたことであろう。しかし、「中華統一」を達成したあと、始皇帝の理想は、さらなる大きな問題へと向かっていた。不老不死である。

不老不死を理想としたのは、始皇帝の肉体が衰弱した反映でもあった。始皇帝の三十七（前二一〇）年、巡幸《じゅんこう》の途上、始皇帝は沙丘《さきゅう》で崩御した。享年五十。遺詔《いしょう》によれば、長子の扶蘇が、二世皇帝として即位するはずであった。ところが、宦官の趙高は、権力の専有をもくろみ、丞相の李斯を抱き込んで遺詔を改竄《かいざん》し、傀儡《かいらい》として始皇帝の末子の胡亥《こがい》を擁立した。さらに、趙高は、扶蘇に偽の勅書《ちょくしょ》を送り、万里の長城を修築した蒙恬《もうてん》とともに自殺に追い込み、李斯をも処刑する。趙高の専横による政治の混乱は、租税と徭役《ようえき》をますます厳しくしていった。

民の疲弊

陳勝と呉広は、ともに秦の二世皇帝の元（前二〇九）年、辺境防備のために徴発された。九百人の里《り》の人々と漁陽《ぎょよう》郡に向かったが、大沢郷《たいたくきょう》で大雨にあい、到着の期日に間に合わなくなった。どのみち死罪を免れないと悟った両人は、農民を扇動して挙兵に踏み切る。このとき、「王侯将相《おうこうしょうしょう》いずくんぞ種《しゅ》あらんや（王や諸侯、将軍や宰相は、どうして生まれながらにそうであったろうか）」と唱えたことは、秦の中華統一後も、依然として戦国時代の下克上の風潮が生きていたことを物語る。事実、陳勝は、こののち張楚《ちょうそ》という国の王となった。

かれらは瞬《また》く間に勢力を拡大し、陳《ちん》県を根拠地に自立して、国名を張楚と定めた。ついで、秦の都の咸陽の攻略を目指す。しかし、章邯の率いる秦軍の反撃に敗れ、二人は相継いで殺された。反乱は、わずか六ヵ月で鎮圧されている。しかし、これを機に、項羽や劉邦たちが蜂起し、ついには秦を滅亡へと追いこんでいく。

氏族制の解体が最も遅れていた国は、楚であった。楚は、国全体の武力としては秦に負けないものを持っていた。しかし、百の力を一人に集中すれば、分散している二百の力を破ることができる。このため、王に権力を集中した秦は、氏族制が残存して王族に力が分散していた楚を破ることができたのである。しかし、分散していた力が「反秦」という一点に集中したとき、秦は楚に敗れた。反乱を起こした陳勝・呉広も、秦を滅ぼした項羽も、項羽を破って漢を建てた劉邦も、すべて楚の出身者である。

秦の滅亡は、陳勝・呉広という農民の抵抗が発端となってはいるが、その背後には、六国を中心とした封建制の維持を指向する氏族集団の抵抗が存在した。項羽は、時代に逆行するこの流れに乗り、始皇帝が完成した郡県制と大一統という「時」の流れに押し潰された。項羽を打倒した劉邦は、これら二つの矛盾する動きへの対応を迫られていたのである。

3　大風の歌

郡国制

漢帝国を建てた劉邦は、氏族制を解体して中国を統一しようとする流れと、氏族制の残存による郡県制的中央集権支配に対する抵抗という、二つの矛盾する動きに対して、きわめて簡便に対応した。氏族制を解体して中国を統一しようとする流れを持つ、首都の長安《ちょうあん》を中心とする旧秦の支配地域に対しては郡県制を施行し、氏族制の残存する旧六国の地域に対しては、王を置いて、氏族制に親和性の高い封建制を施行したのである。これが、郡県制と封建制を並用する漢の郡国《ぐんこく》制である（図表1－2）。封建制の地域は、王を封建する地域の単位として「国」を用い、その下に県を置いた。このため漢の支配領域は、郡―県という形をとる郡県制と、国―県の封建制とが並存した。そこで、これを郡国制と呼ぶのである。「時」の流れの速さを緩める寛容な統治と言えよう。

それは一方で、項羽の討伐に多大な功績をあげた功臣の希望でもあった。劉邦は、韓信を斉王［のち楚王］、彭越を梁《りょう》王、英布《えいふ》［黥布《げいふ》］を淮南《わいなん》王、呉芮《ごぜい》を長沙《ちょうさ》王、臧荼《ぞうと》を燕王、張敖《ちょうごう》

図表1－2　高祖期の郡国制

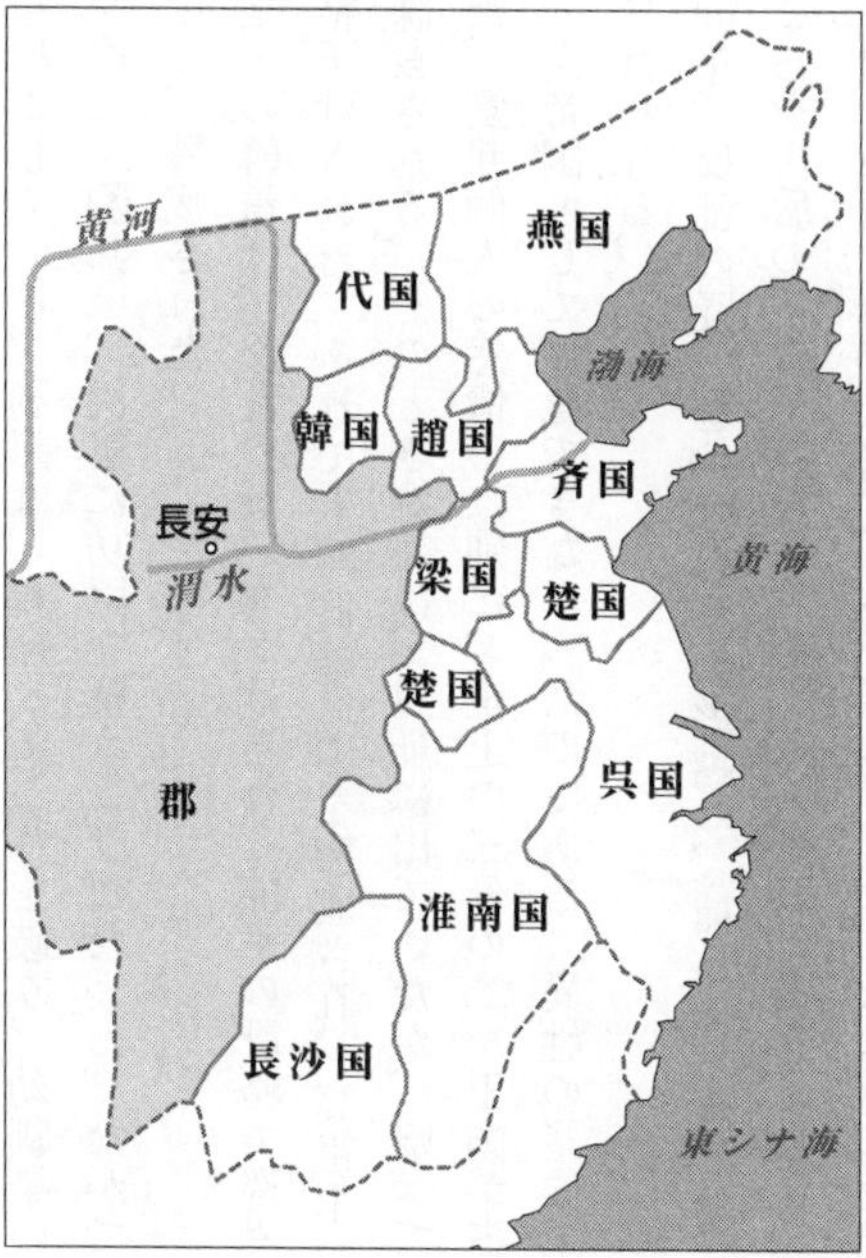

を趙王、韓王信《かんおうしん》を代《だい》王として、国に封建することで、功臣たちに報いたのである。

また、劉邦は、対外的にも、ゆるやかな統治を行った。北方では、冒頓単于《ぼくとつぜんう》のもとモンゴル系の遊牧民族である匈奴《きょうど》が全盛期を迎えていた。高祖の七（前二〇〇）年の白登山《はくとうさん》の戦いに敗れた劉邦は、漢の公主《こうしゅ》［皇帝の娘］を匈奴に妾として嫁がせ、絹や酒食を毎年贈るという条件で和睦を結んだ。匈奴の下風に立っても、疲弊している民の休息を優先したのである。

功臣の粛清

漢は、戦国・楚漢の戦乱期を経て成立したため、内外ともに寛容な統治を行っていたが、劉邦が皇帝に即位した漢の高祖五（前二〇二）年において、すでに燕王の臧荼が反乱を起こしている。劉邦は、親征してこれを破り、幼馴染の盧綰《ろわん》を燕王とした。しかし、これを機に、劉邦は、次第に功臣を疑うようになった。なかでも、韓信・彭越・英布は、領地も広く、警戒された。

楚王の韓信は、反乱の疑いをかけられ、陳平の計略で巡幸に事寄せて捕らえられ、淮陰侯《わいいんこう》に格下げされた。それでも韓信は武力を警戒され、高祖十一（前一九六）年に劉邦の妻呂后《りょこう》に誅殺される。そのとき劉邦は、遠征に出ていたが、帰って韓信の誅殺を聞くとこれを悲しんだ。劉邦個人の感情とは別に、全土の三分の二を王国が占めているという郡国制の危険性が、漢帝国として放置できなかったのである。異姓の諸侯王の誅殺は、これ以降、呂后の主導で行われる。

同年、反乱の疑いをかけられた彭越は、捕らえられて蜀［現在の四川省一帯］に流されるところを呂后の策謀で誅殺された。一人残った英布は反乱を起こす。劉邦はこのとき体調が優れず、太子［恵帝《けいてい》］を代理の将にしようと考えた。しかし、呂后に諌められ、親征して英布を下した。

一方、張良は、天下統一後、わずかな領地しか受け取らず、一線を退き隠遁《いんとん》生活を送っていた。蕭何もまた、賄賂を受け取るなど、わざと自分の名声を貶《おとし》めて、粛清を免れた。

古今東西を問わず、天下を統一するうえで不可欠なものは軍事力である。劉邦は、これを

「馬上に天下を得た」と表現した。しかし、天下統一後も、そのままの軍事力を維持することは危険であり、財政も逼迫する。統一後の軍縮は、建国者の誰もが抱える普遍的な課題である。統一後の軍縮のために取られる手段は、おおむね功臣の粛清となる。こうした軍事力の縮小は、建国時の軍事型国家から、国を継承・運営していく守成型国家に移行するうえで、必要不可欠であった。中国史上、功臣を殺さなかった建国者は、功臣に学問を勧めた後漢の光武帝《こうぶてい》と、涙ながらに功臣の武装を解いた北宋《ほくそう》の趙匡胤《ちょうきょういん》の二人だけである。劉邦の功臣粛清は、建国者として避けられない歴史的必然であった。とはいえ、劉邦固有の理由もある。

第一は、皇帝と王との区分の不分明にある。劉邦のころは、まだ秦の始皇帝により皇帝号が創られたばかりであった。そのため、皇帝を唯一無二の公権力とする認識は一般的ではなく、皇帝も王もあまり変わらないものと考えられていた。したがって、劉邦により王に封建された功臣たちは、かれらの意識の中では、劉邦と同格の半ば独立した勢力であった。劉邦は、皇帝が王よりも上位にあることを証明するために、武力で王を討伐しなければならなかった。やがて「皇帝」とともに、儒教が尊重する「天子」という称号の権威が用いられる理由である。

第二は、天下統一時に、中央集権体制を確立できなかったことである。郡国制において、劉邦の直轄領となった郡県制の施行地域は、全土の三分の一に過ぎなかった。残りの三分の二は功臣の領地であり、かれらが結べば、漢帝国は崩壊する恐れがあった。功臣の領土を削減する動きは、匈奴に圧迫されている前漢の皇帝には必要不可欠なものであった。

第三は、後継者問題である。後嗣《こうし》の恵帝は、権力者としての資質に恵まれてはいなかった。また、皇后の呂后は権力欲が強く、恵帝に代わって政治を壟断する恐れがあった。事実、呂后は、劉邦の没後に専権を振るった。その際に、野心ある功臣が多くの兵を持って残っていれば、漢帝国が倒される可能性もあったのである。

大風の歌

劉邦は、漢帝国を守るべく、苦楽をともにした功臣を粛清しなければならなかった。しかし、それは劉邦にとって、辛いことであった。その心境は、「大風の歌」によく表れている。英布の討伐後、故郷の沛に立ち寄った劉邦は、こう歌っている。

大風起こりて、雲飛揚す。
威《い》海内《かいだい》に加はりて、故郷《よも》に帰る。
安《いづ》くにか猛士を得て、四方を守らん。

大風が吹き起こり、雲が舞い上がる。（この大風のように、この雲のように、天下を平定したわたしの）威光は天下に輝き、（そして今）故郷に帰ってきた。（しかし、世はまだ安定していない。）どこかに勇猛の士を得て、四方の国境を守りたいものである。

『史記』高祖本紀

大風の歌は、時に劉邦の得意の絶頂を表す、と解釈されることもある。しかし、それは表面的な解釈に過ぎない。歌の真意を理解するうえで欠かせないものは、白登山の戦いで匈奴に大敗を喫しているという時代背景であろう。以後、漢は、匈奴に貢物《みつぎもの》を送るという屈辱的な外交関係を強《し》いられていた。しかも、英布討伐の帰路である。匈奴との戦いの大敗と韓信・英布ら功臣の粛清、そして不慧の恵帝を抱える後継者問題を踏まえると、「大風の歌」は、劉邦の不安を表現したものと読み取ることができよう。吉川幸次郎は、項羽の「垓下の歌」と根底にある感情は同じであるという。

匈奴の脅威があるにもかかわらず、それに対抗できるような勇猛の士、すなわち功臣は、自らの手で粛清せざるを得ず、後継者には問題を解決する能力はない。漢はどうなってしまうのだろうか。この歌には、国の行く末を思い、むせび泣くような劉邦の思いが表現されている。劉邦は功臣を粛清したがために、晩節を汚したかのように思われがちである。しかし、大風の歌から見えてくるのは、国の行く末を案じる孤独な為政者の姿なのである。

4　呂氏の簒奪

人彘を嘲る

劉邦の皇后である呂雉《りょち》は、糟糠《そうこう》の妻で劉盈《りゅうえい》〔恵帝〕と魯元公主《ろげんこうしゅ》を生んだ。彭城《ほうじょう》の戦いで劉邦が項羽に敗れると、舅の太公とともに人質にされるなどの苦労を重ね、皇后となった。劉邦が崩御すると、劉盈を即位させ、皇太后《こうたいごう》として政治を後見した。呂皇太后は、恵帝の権力を固めるため、その後継を脅かした劉邦の庶子である斉王の劉肥《りゅうひ》、趙王の劉如意《りゅうじょい》の殺害を謀る。だが、恵帝が二人を守ったため、劉肥の殺害には失敗する。しかし、劉如意は、何度も付け狙われた。生母の戚《せき》夫人が劉邦の寵愛を一身に受けていたためである。ついに殺害に成功した呂皇太后は、如意の後継を劉邦に何度も懇願していた戚夫人も殺害する。単に殺しただけではない。殺すまでの間、その両手両足を切り、目・耳・声を潰し、厠《かわや》に投げ落とした姿を「人彘《ひとぶた》」と呼ばせて嘲《あざけ》り、恵帝にまでそれを見せたのである。恵帝は、あまりの衝撃に政務を放棄して酒色に溺れ、まもなく崩御する。唐の則天武后《そくてんぶこう》、清末の西太后《せいたいこう》とともに、呂皇太后が「中国三大悪女」と数えられる理由である。

呂皇太后は、恵帝の葬儀で激しく嘆いたが、涙を見せない。それを張良の息子張辟彊《ちょうへききょう》から聞いた陳平は、不安と警戒心をそこに読み取る。陳平は、呂皇太后に実家の呂氏一族を要職に就けることを進言し、呂皇太后を落ち着かせた。呂皇太后は、恵帝の遺児劉恭《りゅうきょう》「少帝」を立て、呂氏一族のほか、陳平・周勃《しゅうぼつ》ら建国の功臣たちの協力を得て、政治の安定を図った。しかし、やがて各地に諸侯王として封建されていた劉邦の庶子たちを次々と暗殺して、その後継として呂氏一族を王にすることを始める。これは、劉邦が晩年、臣下と誓った「劉氏ではなく王となるものは、天下がともにこれを撃て」という約束に背くものであり、

図表1－3　前漢皇帝略系図

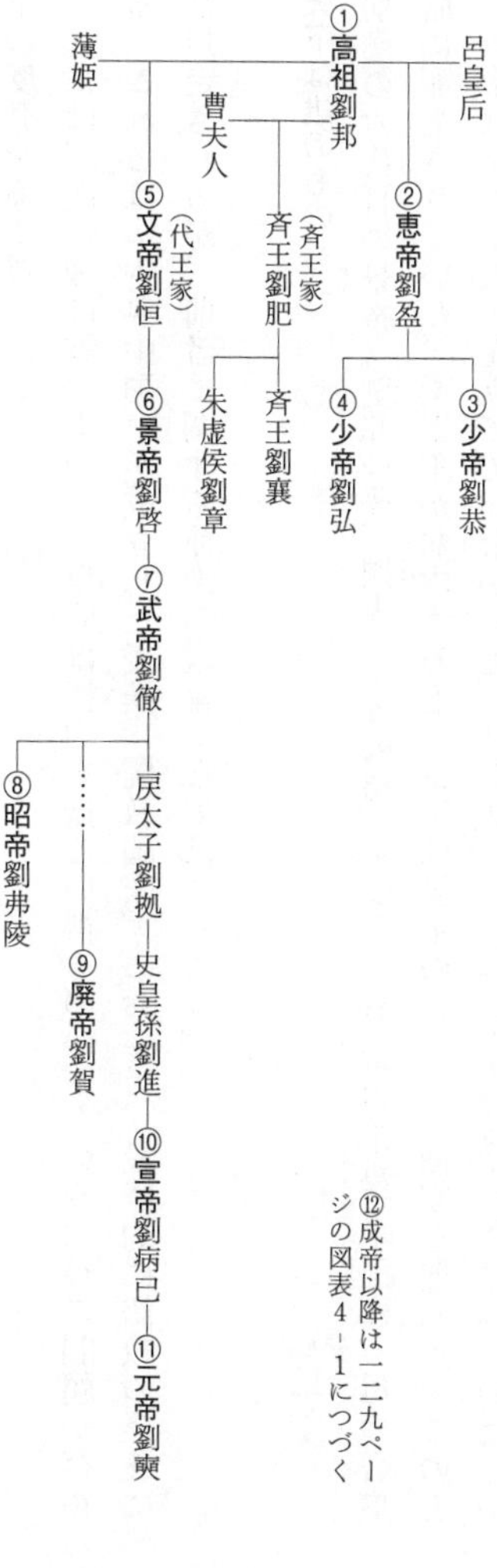

臣下の反発を強く買った。

ここには、漢帝国は誰のものか、皇后は権力を振るい得るのか、という二つの問題が存在する。これらは「古典中国」が成立した後漢「儒教国家」において、最終的に儒教の経義により規定されるが、前者に関する前漢の議論から掲げてみよう。

天下は誰のもの

前漢の六代目の景帝《けいてい》［劉邦の孫、図表1－3参照］のとき、景帝の弟梁孝王《りょうこうおう》は、母の竇《とう》皇太后に寵愛されていた。梁孝王が参内《さんだい》すると、景帝は兄弟のよしみで酒宴を催した。このとき、景帝はまだ皇太子を立てていなかった。宴も酣《たけなわ》のころ、景帝は気まぐれに、「わたしが死んだら、帝位を王に譲ろう」と言った。竇皇太后は喜んだ。しかし、竇皇太后の従兄の子として皇太后詹事《せんじ》［皇太后の家政を掌る長官］となっていた竇嬰《とうえい》は、景帝を諫め、次のように言った。

天下は、高祖《こうそ》（劉邦）の天下であり、父子相伝が、漢の約束ごとでございます。主上がどうして（皇帝の位を梁孝）王に伝えることができましょうか。『漢書』竇嬰伝天下は、国家の創始者のものであり、それは父子相続により伝えられる。皇帝の地位は、弟であっても継承できない。この考え方は、弟など君主の一族に権力を分散させないようにしてきた、秦の始皇帝のときに決定的となった氏族制解体の「時」の流れの延長上にある。弟ですらなお、皇帝の地位を継承できないのである。皇后やその一族が権力を掌握してよいはずはない。始皇帝は、皇后を立てなかった。子を生んだ女性がいるにもかかわらずである。皇帝一人に権力を集中することで、天下は統一されたのである。呂氏一族を王とする呂皇太后の政治に、功臣たちの支持が得られなかった理由である。

漢帝国は誰のものか、という問題に、ほぼ同じころに成立していた儒教経典《けいてん》の『礼記《らいき》』礼《らい》運《うん》篇は、次のように答えている。孔子は、皇帝の地位を一家［ここでは漢家《かんか》］のものとして、子孫に伝えていくことを「天下を家と為《な》す」と述べ、「小康《しょうこう》の世」［さほど悪くない世］と位置づけた、とする。そして、皇帝は、祖先を祀《まつ》る宗廟《そうびょう》の祭祀を通じて、国家の受命者《じゅめいしゃ》［天命を受けて国家を創《はじ》めたもの。漢では劉邦］を自らの権力の淵源とできる、とするのである。これに対して、血縁ではなく天下の賢者に譲る禅譲《ぜんじょう》を「大同《だいどう》の世」と位置づけ、さらに高く評価していることは、後で述べよう。その一方で、儒教はいまだ皇后の一族である外戚《がいせき》の権力行使を正統化していない。それは、後漢になってから正統化される。このため、儒教とは無関係のこの時期の漢帝国では、呂皇太后が権力を行使する正統性はなかった。

話を恵帝の死後に戻そう。恵帝の後、権力を専有した呂太皇太后［太皇太后は皇帝の祖母の尊称］に対して、皇帝の劉恭［少帝］は、反抗的であった。そこで、呂太皇太后は、劉恭を殺して、同じく恵帝の子である劉弘《りゅうこう》［少帝］を立てた。皇帝を廃立したことで、功臣の呂氏への反発は加速する。劉邦は、崩御に臨んで、漢帝国を長らく安んじるものとして陳平と周勃の名を挙げていた。謀略に優れる陳平は、呂太皇太后が存命のうちは、酒色に耽《ふけ》り、韜晦《とうかい》していた。そして、呂太皇太后が呂氏一族を中央の兵権を握る要職に就け、万全を期して崩御すると、陳平は反呂氏勢力を集結する。その際、周勃が「劉氏に加担するものは左袒《さたん》［衣の左の肩を脱ぐ］、呂氏に加担するものは右袒せよ」と命じたことから、「左袒」［味方する］という故事成語が生まれた。

即位の理由

呂氏を打倒した後、陳平らが劉恒《りゅうこう》［文帝《ぶんてい》］を立てたことは、順当ではない。そこに、太皇太后や外戚に対する、当時の考え方を見ることができる。陳平が主導した呂氏打倒の政変は、具体的には以下の経過をたどる。呂太皇太后の死後、甥の呂産《りょさん》・呂禄《りょろく》は、相国《しょうこく》・上将軍《じょうしょうぐん》となり、南北軍《なんぼくぐん》［漢の宮城守備軍］の武力により、劉氏一族、および呂氏に与《くみ》しない諸大臣の討滅を計画した。呂禄の娘を妻とする朱虚侯《しゅきょこう》の劉章《りゅうしょう》は、この計画を妻より聞き出し、兄の斉王劉襄《りゅうじょう》に告げた。斉王は、斉国で兵を起こすとともに、他の諸侯王に檄《げき》を飛ばして連合を求める。これに呼応して、首都長安では、劉章が太尉《たいい》の周勃、丞相の陳平と謀議のうえ呂産を斬殺し、周勃とともに呂氏一族を尽《ことごと》く誅殺して、少帝劉弘を追放した（のち毒殺）。これを聞いた斉王は、軍を収めて斉国に帰国する。このように、政変で最も功績をあげたのは、劉章・劉襄の斉王家であり、斉王劉襄こそ、皇帝に迎えられるべきものであった。

ところが、陳平たちは、代王劉恒［文帝］を迎えた。斉王は、呂后とその子の恵帝、恵帝の二人の子［少帝恭・少帝弘］が亡きこの時点では、祖母の曹《そう》夫人の妾としての地位が劉恒の生母薄姫《はくき》より高いため、劉邦の嫡長孫にあたる（図表1－3を参照）。しかし、斉王の母の生家に駟鈞《しきん》という悪人がおり、呂氏のように外戚として権力を振るうことが危惧された。一方、文帝は、薄姫の一族が慎み深いため、外戚としての脅威がない。このため、皇帝に選ばれたのである。漢は、秦の法律と制度を継承して国政を運用していたが、始皇帝が皇后を置かず、正式に皇太子も立てなかったために、皇后および外戚への対処、そして皇嗣の継承順に、依拠すべき規範を持っていなかったのである。

むろん斉王家は、納得できまい。その現れか、朱虚侯［後に城陽景王《じょうようけいおう》］の劉章は、死去ののち山東《さんとう》半島で祭祀が続けられた。王莽により前漢が簒奪された時、漢の統治を慕い、王莽に反乱を起こした赤眉《せきび》は、城陽景王信仰を集団の一つの核とした。呂氏の専横から漢を救った劉章は、その死後、城陽景王としても、やがて漢を簒奪した王莽を打倒するのである。

それでは、こうした規範なき混乱の中で、生母の一族の弱体を理由に即位した文帝は、どのように「漢家」を継承していったのであろうか。

第二章　漢家の拡大と黄老思想

「無為」の有用性

1　文帝の寛容

文景の治

文帝の母である薄氏は、もともと魏王の魏豹《ぎひょう》の後宮《こうきゅう》にいた。韓信に敗れた魏豹が庶民に落とされると、劉邦の後宮に入って雑用に従事した。ある日、劉邦の目に留まって劉恒［文帝］を生んだが、その後、劉邦に寵愛されることはなかった。薄氏の弟薄昭《はくしょう》も、文帝が即位するまで、活躍したことはない。文帝が、呂皇太后に狙われなかった理由である。

呂氏を打倒した功績から言えば、代王劉恒よりも、斉王劉襄が次代の皇帝に相応《ふさわ》しい。このため代国の臣下たちは、劉恒の即位には反対していた。長安に入った際、劉恒に従ったものは、わずか数名の側近と六騎の馬車だけであったという。

そこで文帝は、寛容な政治を行った。具体的には、父劉邦の政策を継承して、民力の休養と農村の活性化を目指した。農村の活性化のためには、一定の戸数ごとに三老《さんろう》・孝悌《こうてい》・力田《りきでん》という指導者を選抜して賞賜を加え、農業生産の向上を図った。また、民力の休養のためには、節約に努め、宮中で計画された楼閣《ろうかく》の建築も、その経費が「中家《ちゅうか》の産」［中流家庭の資産］十戸分の百金《ひゃくきん》と知ると中止を命じている。始皇帝の大土木工事とは正反対である。

さらに、文帝二（前一七八）年と十二（前一六八）年には田租《でんそ》の半減を行い、文帝十三（前一六七）年には田租の全免を実施している。漢の税制は、収穫物を徴収する田租と、人頭税として銅銭一二〇枚を男女に賦課する算賦《さんぷ》とにより構成される。全収穫物の三％から一〇％程度を徴収する田租よりも、算賦の方が負担は重かった。それでも、田租の半減、あるいは全免は、民力の休養と農業生産力の回復に、大きな役割を果たした。

こうして文帝の末年には、経済は復興し、民の生活は安定した。したがって、文帝の統治は、子の景帝の治世と合わせて、後世から「文景《ぶんけい》の治」と呼ばれ、理想として尊重された。孫の武帝《ぶてい》が推進する対外的な積極策を支える財政基盤は、「文景の治」により準備される。

肉刑廃止

文帝は、生母の薄氏に、食事の際には自ら毒味役を務めるほど、孝を尽くした。また、政治的にも薄氏を尊重した。冤罪《えんざい》で周勃が逮捕された際には、薄氏の叱責で釈放を命じ、対匈奴戦争も薄氏の説得で中止している。このため文帝は後世から、舜《しゅん》を筆頭とする「二十四孝《にじゅうしこう》」［中国歴代の親孝行者二十四人］の一人に数えられている。

そうした文帝の孝に訴えかけることで、劓《ぎ》［はなそぎ］など肉体を毀損する残虐な刑罰［肉刑］も廃止される。文帝十三（前一六七）年、医者の淳于意《じゅんうい》［太倉公］は、肉刑に当てられる罪を犯し、長安の獄に繋がれた。かれには娘が五人いたが、息子はいなかった。淳于意は、長安に連行される際に、「子を生んでも男がいないと、いざという時に役に立たない」と娘たちを罵った。娘の一人緹縈《ていえい》は、父に随って長安へ行くと、文帝に次のように上書した。

> わたくしの父は、法に触れて肉刑を受けることになりました。死者は生き返ることができず、肉刑を受けたものは元の身体に戻ることができません。過失を改めて自ら新生の道を歩もうと望んでも、世を終わるまで不可能なことを痛ましく思います。どうか、わたくしの身を召しあげて朝廷の婢《はしため》にあて、それで父の罪を贖《あがな》い、父が行いを改めて、新生の道を歩めるようにしてください。　『史記』倉公列伝

文帝は、緹縈の父への孝に心を動かされ、肉刑を廃止した。秦の法は、厳刑で有名である。一九八三〜八四年に湖北《こほく》省江陵《こうりょう》県張家山《ちょうかさん》漢墓《かんぼ》群から出土した「二年律令《にねんりつりょう》」は、呂后二（前一八六）年の法律文書である。そこには、「盗律《とうりつ》」「賊律《ぞくりつ》」など二十七種の律と「津関令《しんかんれい》」という一つの令が含まれる。「二年律令」は、一九七五年に湖北省雲夢《うんぼう》県睡虎地《すいこち》秦墓から出土した「秦律十八種《しんりつじゅうはちしゅ》」と共通する部分が多い。編纂史料も伝えていたように、漢は厳格な秦の法を継承していたのである。文帝は、肉刑を廃止することを通じて、厳刑で有名な秦律を

継承する漢律の適用を少しでも緩め、寛容な統治で国力の回復に努めようとしたのである。

文帝の肉刑廃止は、後漢にも「文帝の故事（先例）」として継承された。儒教の刑罰は、経典の『尚書《しょうしょ》』呂刑《りょけい》篇に基づく「五刑《ごけい》」を基本とする。後漢の儒教経義を定めた『白虎《びゃくこ》通《つう》』でも、五刑は『尚書』呂刑篇に合わせて、大辟《たいへき》［死刑］・宮《きゅう》［去勢］・腓《ひ》［あしきり］・劓《ぎ》［はなそぎ］・墨《ぼく》［いれずみ］と定められていた。しかし、後漢の実際の刑罰では、前漢の「文帝の故事」を承けて、肉刑［腓と劓］を廃止していたのである。

秦の厳しい法律、あるいは後漢の儒教経義であっても、杓子定規にそれらを現実社会に適用することは難しい。制定された事情や編纂された背景が異なるためである。こうしたとき、それらすべてを改変するのではなく、国政を運用する際の先例として、「漢家の故事」を積み重ねることで、前漢も後漢も国政を柔軟に運用した。漢が四百年続いた理由の一つである。

漢代において行政文書は、それぞれの官の書府《しょふ》［文書保管庫］に納められ、案件ごとに札《ふだ》を付けて保存された。それらのなかでも、故事として残すべき案件や上奏文は、朝廷の文書行政の中核官庁である尚書台《しょうしょだい》に保管された。故事の内容は、官僚制度上の慣例や国政運用の先例が中心である。したがって、漢の国政運用において、故事に習熟することは、官僚にとって重要な責務であった。前漢の官僚、なかでも尚書や中書《ちゅうしょ》［皇帝の秘書官］に就く官僚は、法律に詳しいだけでなく、故事にも明るいことが求められたのである。

（宦官の弘恭《こうきょう》は）宣帝《せんてい》のとき中書官に任命され、法律と故事に明らかであった。（このため）よく上奏を処理して、その職責を果たすことができた。『漢書』佞幸 石顕伝

前漢の官僚は、法律とともに故事を学ぶことにより、国政に深く関与できた。官僚が先例に詳しいことは、今も昔も変わりはない。官僚は法律にも詳しい。前漢の官僚のあり方は、現代と比較しても分かりやすい姿である。

ところが、後漢では、故事と並称されるものは、法律ではなく儒教経典となる。

（梁《りょう》）松《しょう》は、経書に博《ひろ》く通じて、故事に明らかであった。（このため）多くの儒者と一緒に明堂《めいどう》・辟廱《へきよう》・郊祀《こうし》・封禅《ほうぜん》の礼儀をおさめ、常に論議に関わって、（光武帝に）比べるものがいないほど寵愛された。『後漢書《ごかんじょ》』梁統伝附梁松伝

後漢になると、故事と並称されるものが、法律から経書へと変わることは、後漢における「儒教国家」の形成を考える際に、きわめて重要なことである。だが、ここでは、話を故事に限定すると、前漢では法律とともに、後漢では経書とともに、「漢家の故事」が国政運用

の規範とされていたことが確認できる。文帝による肉刑廃止は、「漢家の故事」の中でも「文帝の故事」と呼ばれるが、より有名な「文帝の故事」は、喪服《そうふく》に関するものである。

文帝の故事

文帝が尊重した「孝」は、儒教では「仁」の根本とされる（『論語』学而篇）。したがって、儒教は、孝を可視化する喪服礼をきわめて重視する。服喪《ふくも》は、現代の日本でも、年賀状の欠礼という身近な慣習として残っている。喪服は、もともとは喪中に着る麻製の衣服を指す言葉であるが、広くは衣食住にわたる一般的な謹慎生活の等級を指す。それは、死者との親近関係により、次のとおり五等級に分けられる。これを「五服《ごふく》」という。

斬衰《ざんさい》［三年の喪に服す。父・天子などが亡くなった場合］
斉衰《しさい》［三年の喪に服す。父の没後の母の場合。ただし、父が存命であれば一年］
大功《たいこう》［九ヵ月の喪に服す。従父昆弟《いとこ》などの場合］
小功《しょうこう》［五ヵ月の喪に服す。従祖・祖父母などの場合］
緦麻《しま》［三ヵ月の喪に服す。族曽祖父母などの場合］

『儀礼《ぎらい》』喪服篇

天子であっても、たとえば斬衰の場合には、三年の喪に服するものとされ（『礼記』王制《おうせい》篇）、その謹慎生活は、死去より三年までの間で段階的に軽くなる。三年もの長きにわたるのは、父母から三年間の愛を受けたことへの感謝の表現である（『論語』陽貨篇）。後漢における喪《そう》礼《れい》の経義は、『白虎通』により、斬衰の場合は二十五ヵ月（あしかけ三年）、喪に服すと定められていた（『白虎通』喪服篇）。しかし、『論語』陽貨篇で、孔子に叱られる宰我《さいが》が主張するように、現実に三年もの間、とりわけ皇帝が三年間、政務に携わらなければ、国家も社会も混乱する。現実としては、この礼制は破綻しているのである。このとき、三年喪を短縮する論拠を提供したものが、喪服に関する「文帝の故事」である。

（文帝の）遺詔に言う、「朕《ちん》はこう聞いている。死は天地の理、物の自然である。哀しむことがあろうか。今の世は、みな生を嘉《よ》しとして死を悪《にく》み、葬礼を手厚くして生業を破り、服喪を重くして生命を傷《そこな》っている。……天下の民に令する。この令が到達した後には三日哭《こく》せば、みな喪服を釈《ぬ》げ。妻を娶り娘を嫁がせること、祭祀すること、酒を飲み肉を食うことを禁じてはならない。自ら喪事に従い、喪に服し哭すべきものも、みな斬衰を着るな。……すでに棺を下ろし葬れば、大紅《たいこう》を服すること十五日間、小紅《しょうこう》を服すること十四日間、纖《せん》を服すること七日間で、喪服を釈げ」と。『漢書』文帝紀文帝は本来、斬衰三年（二十五ヵ月）のあいだ服すべき喪を、大紅［大功］の服を十五日間、小紅［小功］の服を十四日間、纎服《せんふく》を七日間の計三十六日間［三年は三十六ヵ月］だけ服すればよい、とした。さらに、一般の民は、三日で「喪服を釈」げと遺詔している。後漢「儒教国家」は、この「文帝の故事」を典拠に、礼制上の経義である二十五ヵ月の喪礼と現実社会での生活とを調整していたのである。

このように、文帝の寛容な統治は、後に「故事」とされて、法律や礼制が現実社会にあわなかった場合の対処法となった。文帝の政治を特徴づける功績と言えよう。

2　黄老思想

『老子』の形成

劉邦の時代、蕭何に続いて相国となった曹参が、儒者に政治の指針を尋ねると、人ごとに答えは違っていた。そこで黄老家《こうろうか》の蓋公《がいこう》を招聘したという。前漢初期の政治理念は、曹参、それを継いで丞相となった陳平、そして文帝のいずれもが尊重した黄老思想である。黄老とは、黄帝《こうてい》と老子《ろうし》のことを指す。

道家《どうか》の祖とされる老子は、生没年や事跡が不明である。孔子が老子に教えを受けたという『史記』の記事は、前漢初期における黄老思想の儒家への優越を反映した伝説に過ぎない。一九九三年に発見された郭店楚簡《かくてんそかん》［簡は竹簡《ちくかん》］には、三種の『老子』が含まれていた。これらは、ほぼ最初に作成された古い『老子』である。現行本の『老子』には含まれる矛盾や齟齬《そご》が少ない、素朴な文章である。ここからは、『老子』本来の思想を知ることができる。一方、一九七三年に発見された長沙馬王堆漢墓帛書《ちょうさまおうたいかんぼはくしょ》［帛書は絹に書かれた書籍］には、前漢に書かれた二種の『老子』が含まれていた。甲本［前漢恵帝期］は、縦幅《たてはば》約二十四センチメートル［約一尺《しゃく》二寸《すん》］の帛に書かれ、乙本［前漢文帝期］は、縦幅約四十八センチメートル［約二尺二寸］の帛に書かれていた。経典は、二尺二寸の長さの簡に書かれる。豪華本である帛書は、竹簡を写して作るが、その際に長さも継承したのであろう。とすれば、文帝期には、『老子』が経典として扱われていたことが分かる。その内容は、郭店本よりも現行本の『老子』に近いものの、異なる部分もある。

　これらの出土資料により、『老子』は、老子という一人の人物が書いたのではなく、老子学派と言うべき多くの人々の手で次第に形成されたことが分かった。諸子百家の書籍は、ほぼそうした形成過程を持つが、複数の出土資料を持つ『老子』は、それが明確になっている。

無為の正統性

『老子』の最も基本となる思想は「道《みち》」である。老子や荘子《そうじ》が道家と呼ばれる理由である。『老子』は、修行者が道に到達し、一体となるために「無為《むい》」を重視する。無為は、自分の内の夾雑物《きょうざつぶつ》を減らし、さらに減らすという否定的な態度を取ることで到達できる。言い換えれば、無為になり道を把握するためには、鼻・目・耳・口の感覚や心の知覚を働かせず、それらを棄て去る必要がある。道は、把握しないことを通じて把握する、知らないことを通じて知る、という一種の逆説・弁証法によって到達できるとするのである。したがって、道を把握した得道者《とくどうしゃ》は、自己の感覚や知覚を棄て去っているので、「万物《ばんぶつ》」それ自体と直接、無媒介に一体となることができる。これが「玄同《げんどう》」であり、その状態が「道の把握」である。『老子』が「道の把握」を理想とするのは、二つの理由による。第一は「養生《ようせい》」のためである。道が自ら生命を養い、不老不死であるのと同様に、得道者は、生命を養い、不老不死に成ることができる。第二は「万能の政治能力を得る」ためである。得道者は、道の持つ万能の能力を得ることにより、天下を取って帝王・天子の地位に上ることができる。このうち第二は、『老子』の本来的な主張ではなく、後から加えられた思想であるが、前漢初期に黄老思想が尊重された理由は、ここにある。

道は常に「無為」であれば為せないことはない。侯王《こうおう》がもしこれをよく守れば、「万物」は自然と化すことになろう。化して作《な》そうとすれば、吾はこれを鎮《しず》めるために樸《あらき》の素朴さを示す。樸の素朴さは、また欲のない状態を保つことになる。欲なく静かな状態となれば、「天下」は「自然」と定まろう。『老子』第三十七章

第三十七章は、郭店楚簡には見られない、後から加えられた新しい章である。その主語は「侯王」であるが、侯王が到達できる「「無為」であれば為せないことはない」という状態は、すでに第四十八章で示されていた。ただし、第四十八章では、「「無為」であれば為せないことはない」の主語は、道を目指す修行者であった。それが、第三十七章では、明確に「侯王」と規定されている。『老子』は、新たに第三十七章を加えることで、戦国時代の進展に応じて、「侯王」〔諸侯や王〕に対して、「万物」〔世界〕を「無為」により治めることができると主張するに至ったのである。さらに、治めるべきものが「天下」と記述されることも注目される。すでに統治の対象は、それぞれの諸侯国や王国ではなく、「天下」とされているのである。「天下」は、中国統一を意識した言葉である。地方に割拠する「侯王」と「天下」とのバランスが悪い。このため第三十七章は、「天下」が統一された後に、「天下」という文字が加えられた可能性を持つ。このように『老子』は、いくつかの段階を経て、成立し

た書籍なのである。

『老子』は、このように「道」の全能性を獲得した「侯王」が、帝王・天子の地位に上り得るとしたことで尊重され、前漢の初期には「経典」として扱われた。『老子』は、「聖人」や「侯王」などの得道者・為政者が、「無為」を通じて「道」を把握すれば、「万物」や「百姓」が自己に内在する働きにより「自然」〔自発的〕に統治されるとした。「無為自然」により、「天下」が太平になるのはこのためである。『老子』は、戦国と楚漢〔項羽と劉邦〕の戦乱を経て、何よりも休養が必要な前漢初期において、「無為」であることをこうして正統化しているのである。

「黄帝四経」

黄帝は、中国人の祖とされる伝説上の帝王であり、伝世した史書では、黄老思想家は、その言葉を借りて、自分たちの考えを述べていたと記す。しかし、前述した秦律や漢律《かんりつ》と同様に、黄老思想家の著作は滅んでいたため、その内容はよく分からなかった。ところが、一九七三年に長沙馬王堆から出土した帛書には、二種類の『老子』に加え、黄帝の名のもとに思想を語る「黄帝四経《しけい》」と総称される四篇の書籍が記されており、黄老思想の内容が明らかとなった。

「黄帝四経」は、これを法家の著作と位置づける研究もあるほど、法と刑とを重視する。ただし、法の権威の源を「道」に求め、法を自然法的に考えて実定法に限定しないことや、「道」には実体がなく無形であるが、「万物」が発生する源であるといった道家の思想が含まれることに注目すると、法家の著作とすることは難しい。

もちろん、法家の思想を代表する『韓非子《かんぴし》』の中にも、同様の思想は見られる。絶対者と規定される君主は、宇宙の根本的理法である「道」の体現者であり、その行為は「道」そのものの表現となる。そのため、君主の施行する法は、無制約・絶対的なものというのである。「道」という言葉が示すように、この君主観の背後にあるものは、道家の思想である。現行の『韓非子』には、解老《かいろう》篇・喩老《ゆろう》篇という『老子』を解釈した篇が含まれる。解老篇は、『老子』の理論的な解説を名目としながら、『老子』を自己の哲学の典拠づけに用い、喩老篇は『老子』の比喩的な説明を名目としながら、『老子』を自己の説話の典拠づけに用いる。ただし、いずれの篇も、韓非の自作とは考え難く、その後学の手によるものであろう。

司馬遷《しばせん》は、『史記』において、老子韓非列伝として老子と韓非を同じ伝に立てる。そして、その中に、荘子［道家］・中不害《しんふがい》［法家］の伝記を附す。道家と法家とは、伝を同じくすべき同系統の思想と把握されていたのである。司馬遷は、韓非の学問について、「刑名《けいめい》・法術の学を好んだが、そもそもの根本は黄老思想に帰一する」と総括している。司馬遷の生きた前漢の武帝期には、法家と道家を折衷した黄老思想が、いまだ国家の中心的な思想であった。その一方で、儒家の台頭も、この時期には始まっている。

黄老思想は、前漢初期の現実を強く反映したものであった。その現実は、匈奴の脅威と諸侯王《しょこうおう》の存在による皇帝権力の未確立とまとめられる。秦の滅亡後、楚漢の争っている間、かつて秦の蒙恬《もうてん》に討たれ、オルドス［黄河《こうが》の屈曲部の内側］から駆逐されていた匈奴は、勢力を盛り返していた。また、郡国制下の諸侯王は、強大な権力を持ち、漢帝国は、唯一無二の公権力ではなく、数多《あまた》の諸侯国の中で最大のものに過ぎなかった。

こうした前漢初期の現実が、他者と争わず、ありのままの現実を受け入れる黄老思想を為政者に受容させた。「黄帝四経」には、道家の見地から法家の政治を基礎づける道家・法家の折衷思想が記され、文帝が好んだ、無為でありながら法律も尊重する政治を正統化する。黄老思想により前漢は、戦乱による人々の疲弊や強力な諸侯王と匈奴の存在という、急激な改革を回避すべき状況を「無為」として正統化し、国力の回復に努めたのである。黄老思想は、疲弊した前漢初期の国家と社会に休息をもたらす有益な思想なのであった。

3　呉楚七国の乱

強幹弱枝

黄老思想を尊重して、無為の政治を行った文帝を嗣《つ》いだ景帝は、国力の充実を背景に、諸侯王の領土削減を始める。郡国制において、諸侯王は、数郡におよぶ広大な領地を支配し、漢帝国とほぼ同じ官僚機構を持って、なかば独立国を形成していたのである。

なかでも、呉《ご》王国は、製塩と銅貨鋳造により、民に課税の必要がないほど豊かであった。また呉王の劉濞《りゅうび》自身も、かつて劉邦に従って英布討伐で戦功を挙げており、皇族の長老として尊重されていた。諸侯王は年に一度、首都長安を訪問する義務があった。ところが、呉王劉濞は、嫡子劉賢《りゅうけん》が皇太子劉啓《りゅうけい》［後の景帝］に些細な口論から六博《りくはく》［すごろく］の碁盤を投げつけられて死んだことに遺恨を持ち、この義務を怠っていた。それでも、文帝は、病気と称する呉王に杖を送り、参勤を免除するなど、寛容な統治につとめ、軋轢は表面化しなかった。これに対して、景帝は、御史大夫《ぎょしたいふ》［三公の一つ、宰相］の鼂錯《ちょうそ》の「強幹弱枝《きょうかんじゃくし》」策を採用し、中央政府［幹］に権力を集中し強くして、地方［枝］を抑え弱くすることを目指したのである。

鼂錯は、潁川郡《えいせん》の出身である。潁川郡は、「戦国の七雄」の韓、韓非子の母国にあたる。このため、当然のように、刑名の学［法家］を修めていた。鼂錯は、はじめは呉王国に手を着けず、楚王や趙王などの領地を口実を設けては削り、その権力を徐々に奪った。諸侯王は、警戒し、反発を強める。ついに鼂錯は、呉王の劉濞にも、会稽《かいけい》・豫章《よしょう》の両郡を削ると通告した。これらは塩の産地である。これを機に、劉濞は反乱を決意する。景帝三（前一五四）年、劉濞は、劉氏の和を乱す鼂錯の討伐を名目に、楚・趙などの六王と同盟を結んで、反乱を起こした。呉楚七国《ごそしちこく》の乱である。

景帝は、かつて呉王国の丞相を務め、また直言でも知られ、父の文帝も、「何かあれば相談せよ。間違ったことは言わない」と、厚く信頼していた袁盎《えんおう》を呼び、呉国内の情勢と乱への対応策を尋ねた。袁盎は、「反乱軍は呉王の巨利に寄っているだけで、王の周囲も奸臣が多く、この乱はすぐに収まります」と述べた。そのうえで、「反乱軍は、鼂錯誅殺を名目にしておりますので、鼂錯を殺すべきです」と進言する。袁盎と鼂錯は、かねてから対立していたのである。景帝は悩んだが、鼂錯を処刑した。反乱は止まなかったものの、燕など中立を維持した国々も、鼂錯の「強幹弱枝」策には不満を持っていたので、鼂錯の処刑は、それらの国々への反乱拡大を食い止める効果はあった。

これよりさき、鼂錯の父は、諸侯王の領地削減に熱心に取り組む鼂錯を止めるために上京した。鼂錯は、「削減しなければ皇帝は尊敬を得られず、宗廟も安定しません」と志を曲げなかった。父は、「劉家は安泰になるが、鼂家は滅びよう」と言って、故郷に戻ると毒を飲んで自殺した。果たして、鼂錯の一族は皆殺しにされる。文帝への上奏文で用いた「朝令《ちょうれい》暮改《ぼかい》」という鼂錯の言葉だけが、今日まで残された。

漢家の勝利

呉王劉濞は、南越《なんえつ》［趙佗《ちょうだ》が建国した北ヴェトナムを中心とする独立国］の兵も借りて総勢七十万と称し、趙王は匈奴と結んで乱を大規模化した。かつて呂氏打倒の主役となった斉国は、すでに膠西《こうせい》・膠東《こうとう》・菑川《しせん》・済南《せいなん》・済北《せいほく》国などが分離されていたが、済北王劉志《りゅうし》を除き、ほぼ反乱に参加した（図表2-1参照）。ただ、臨淄《りんし》を都とする本家の斉孝王《せいこう》劉将閭《りゅうしょうりょ》は反乱に加わらなかった。このため、膠西王らは要害の臨淄を攻めたが落とせず、呉・楚の軍だけが長安を目指した。

景帝は、建国の功臣周勃の子で、文帝が「漢家有事《ゆうじ》の際には、軍を任せよ」と遺言していた周亜夫《しゅうあふ》を太尉に任じ、それに楚漢戦争で活躍した欒布《らんふ》を付け、討伐を命じた。反乱軍は大軍であったが指揮系統が定まらず、途中で梁孝王劉武《りゅうぶ》に足止めされた。景帝から戯れに、「帝位を伝えよう」と言われた同母弟の梁孝王は、豊かな大国を領有していた。刀剣や弩《ど》［い

図表2－1　呉楚七国の乱

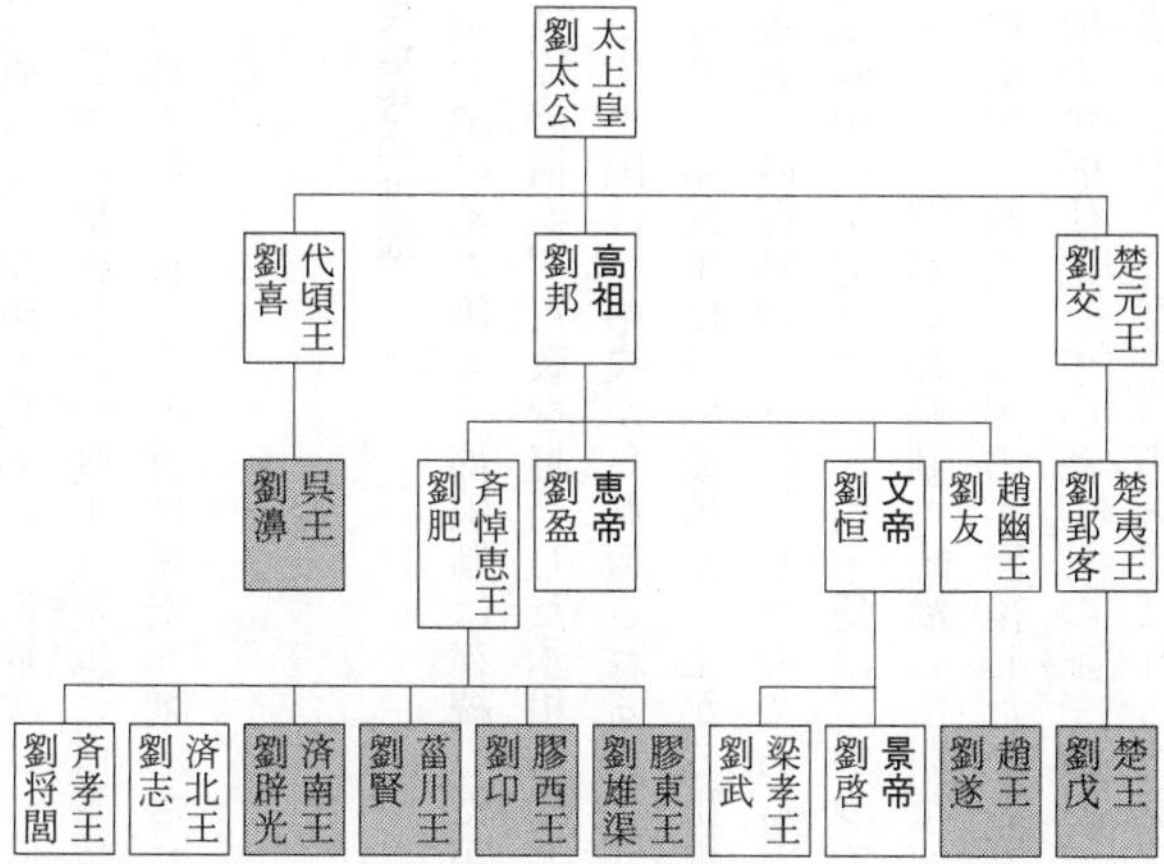

網かけが反乱に参加した七王

しゆみ」を数十万も制作し、膨大な金銭を蔵して、宝物は首都よりも多かったという。その蓄えが有事に生きたのである。

反乱軍が梁国を落とせずにいる間、周亜夫は、軍事拠点の滎陽《けいよう》と政治的な要地である洛陽《らくよう》を確保し、そして梁・趙・斉の中間にある昌邑《しょうゆう》の防御を堅固にした。

その一方で、趙・斉を牽制しながら、反乱軍の主力である呉・楚軍には、機動力に優れた騎兵を用いて船着場を破壊するなど、徹底して補給線を断絶する戦法を採り、呉・楚軍を飢えさせた。呉・楚軍は大軍であるため、正面から戦わず、利に寄った大軍を飢えさせて戦意を奪おうとしたのである。

呉・楚軍の戦意が低下すると、呉王は梁

国を放置して、昌邑を攻めた。周亜夫は、守りに徹し、呉王の陽動作戦を見破って、戦車と騎兵で呉軍を撃破した。呉王は東越《とうえつ》［前漢初、騶揺《すうよう》が甌江《おうこう》流域に建国］に逃れたが、東越王に裏切られて殺され、その首は長安へ献上された。他の王たちも平定されて、反乱は三ヵ月で終わった。

中央集権の進展

呉楚七国の乱の後も、郡国制は存続したが、諸侯王は直接領地を統治できなくなった。王国の官僚機構も、行政を担当した丞相が相《しょう》と改名され存続したほかは、すべて廃止された。こうして王国は、中央から派遣される相が、郡に派遣される守と同じように直接支配することになり、諸侯王は単に領地から上がる租税を受け取るだけの存在となった。ここに郡国制は、事実上の郡県制へと移行したのである。

反乱の中心勢力となった呉・楚は、かつて中華を統一した秦を滅ぼした旧楚国に当たる。その勢力に、旧秦を郡県制で統治していた「漢家」が、勝利をおさめた。これは、文帝の寛容な統治で「漢家」の国力が回復したこと、および景帝の諸侯王の勢力削減策により、諸王侯の権力が弱体化していたことの証《あかし》である。また、乱の後に功績のあった劉氏一族を楚や呉に封建するのではなく、相と呼ばれる官僚を派遣する事実上の郡県制を施行したことは、封建制を必要としていた氏族制が、より解体されたことを端的に物語る。これも勝因の一つである。こうして「漢家」の支配体制、すなわち旧秦の中央集権的な支配が中国全土に拡大していくことになり、氏族制の残存する地域は減少していくのである。

さらに、すべてを郡県制にするのではなく、郡国制の形を残したことも、後世に大きな影響を与えた。すなわち、天下のすべてに郡県制を施行するのであれば、異民族の居住する地の果てまで、直接統治をしなければならない。ところが、国という地域と国王という爵位を残すことにより、異民族の支配地域を「国」として認め、その「国王」に貢物を納めさせるという形で、「天下」の支配地域に異民族を含めることを可能にしたのである。やがて、「冊《さく》封《ほう》体制」として完成していく、東アジアの中華―夷狄《いてき》の国際関係の枠組みは、郡国制を残すことで維持された。すなわち、ここに漢は、「漢家」から「天下」を支配する「帝国」へと大きく形を変えていく準備を整えた。武帝の出現が必然化されたと言い換えてもよい。

4　始皇帝の理想へ

諸侯王の弱体化

武帝劉徹《りゅうてつ》は、前一四一年から前八七年まで、五十年を超える在位期間を持つ、前漢を代表する皇帝である。父は景帝《けいてい》で、生母は王氏。劉邦の曽孫にあたる。景帝の姉館陶長公主《かんとうちょうこうしゅ》が皇太子劉栄《りゅうえい》の生母栗姫《りつき》と対立し、皇太子が廃位されたため、十六歳で即位した。このため、武帝は妻に、館陶長公主の娘陳《ちん》皇后を迎えた。また即位当初は、竇太皇太后《とうたいこうたいごう》に権力を掌握されていた。

竇太皇太后は、夫の文帝と同様、黄老思想を尊重していた。そこで、武帝は、竇太皇太后に対抗するために儒者を登用する。御史大夫に趙綰《ちょうわん》、郎中令《ろうちゅうれい》に王臧《おうぞう》という、ともに「魯《ろ》詩《し》」〔儒教経典『詩経《しきょう》』解釈の一派〕を起こした申培《しんばい》の弟子を就けたのである。建元《けんげん》二（前一三九）年、御史大夫の趙綰は、臣下からの上奏文を竇太皇太后のもとに届けず、武帝だけの親裁にするよう進言した。権力を奪われかけた竇太皇太后は、激しく怒って趙綰・王臧を追放する。さらに、かれらが推薦した丞相の竇嬰、太尉の田蚡《でんふん》も免官された。十八歳で権力闘争に敗れた武帝は、竇太皇太后が崩御する建元六（前一三五）年までの四年間、雌伏を余儀なくされる。

親政を開始した翌年の元光《げんこう》二（前一三三）年、武帝は、馬邑《ばゆう》出身の聶壹《じょういつ》の献策を受け、匈奴を馬邑で騙し討ちにしようとする。だが、匈奴の軍臣《ぐんしん》単于は異変に気づき、不意打ちは失敗に終わる。これ以降、匈奴との戦争が始まった。そうした中、武帝は、国内統治を固めるため、呉楚七国の乱を機に勢力が弱体化していた諸侯王の領土削減に手をつける。無為を旨とする黄老思想を尊重した竇太皇太后の輔政期は、諸侯王をそのまま放置していたからである。武帝は、推恩《すいおん》の制と酎金律《ちゅうきんりつ》により、諸侯王を弱体化させていく。

推恩の制は、元朔《げんさく》二（前一二七）年、主父偃《しゅほえん》の献策により定めたものである。「推恩」とは、本来領土の継承権を持たない諸侯王の嫡子《ちゃくし》以外の子弟にも、「親親《しんしん》の恩」を推《お》すことを許す、という意味である。すなわち、諸侯王の国を嫡長子だけではなく、多くの子で分割相続することを許したのである。もちろん「推恩」であるため、封国の分割を強要したわけではない。しかし、これを奨励することにより、実際には封国を細分化する効果を生んだ。諸侯王の子弟は、多く一段格下の列侯《れっこう》となり、それぞれの領地を縮小させたのである。

また、酎金律は、文帝のときに、それまでの旧律に加えたものであるが、武帝はそれを厳格に運用した。酎《ちゅう》とは天子が宗廟の祭祀に供《そな》える新酒である。宗廟の祭祀の時に、諸侯王は資格に応じて酎のための黄金を献上した。これを酎金という。黄金の量が少なく、あるいは品質が悪い場合、諸侯王は領地を削られ、列侯は国を失った。元鼎《げんてい》五（前一一二）年には、酎金律により一〇六人もの列侯が、国を失っている。このほか、武帝は、直接的な諸侯王の弱体化も辞さず、淮南王の劉安《りゅうあん》や衡山《こうざん》王の劉賜《りゅうし》が謀反を口実に滅ぼされている。

こうして諸侯王は分割され、諸侯王が細分化された列侯も減少した。ここに、封建制と郡県制を併用した漢初の郡国制は、事実上の郡県制へと完全に移行する。さらに、武帝は元封《げんほう》五（前一〇六）年に天下を十三州に分け、州ごとに刺史《しし》を派遣して、管轄下の郡守《ぐんしゅ》と国相《こくしょう》を監察させた。始皇帝が理想とした中央集権的な官僚制度に基づく地方統治が完成したのである。

時空を支配

武帝は、このような政治制度の中央集権化に加えて、漢が「漢家」ではなく、一つの「天下」を支配する帝国であることを理念的に示そうとした。それは天子が、時空の支配者であることを表現する元号の制定に象徴される。

元号は、儒教を起源としない。儒教経典の『春秋《しゅんじゅう》』は、隠公《いんこう》元年・二年と皇帝の在位を基準に年代を記す。元号は、法家を起源ともしない。始皇帝も、始皇元年・二年と年代を記した。漢に入ってからも、皇帝の在位の年数により、年代は記された。ただし、文帝のときに一度、景帝のときに二度、改元が行われ、文帝は文帝〇年、後〇年、景帝は景帝〇年、中〇年、後〇年と年代を記した。

元鼎二（前一一五）年ごろと考えられる武帝の元号制定の献策者は、「有司《ゆうし》」「役人」とのみ記され、名も伝わらない。

有司が、「元号は天の瑞祥《ずいしょう》により名づけることがよく、一、二と数えることはよくありません。最初の元号を建元といい、次は長星《ちょうせい》［彗星《すいせい》］が現れたので元光といい、その次は郊祭で一角獣［麒麟］を得たので元狩《げんしゅ》というのがよろしいでしょう」と言った。

『史記』封禅書《ほうぜんしょ》

こうして武帝は、即位の翌年からを「建元《けんげん》」元（前一四〇）年、親政以降を「元光」元（前一三四）年と呼ぶことにした。建元と元光の分かれ目が、武帝の親政開始であったように、皇帝は元号を改めることで、皇帝の力を即位の時に立ち返らせようとする。それが、一種の呪術であることは、元号の制定が「封禅書《ほうぜんしょ》」という不老長生など神秘主義的な術を持つという方士の主導により行われた、封禅儀礼の記録に載せられていることにも明らかである。このため、津田左右吉《そうきち》は、改元は「おまじない」であると言っている。

たしかに「おまじない」ではあるが、そこには、改元により時の流れを更新することで、天下が平和となり、民が幸福となるようにという、皇帝の思いが込められている。しかも、改元は皇帝の専権事項であり、「長星」や「一角獣」という、天からの瑞祥を機に行われた。元号は、皇帝が天の命を受けて天下を支配する天子であることを表現するものなのである。

さらに、周辺諸国の王権が、中国から冊封［王などに封建されること］を受け、自己の周囲の競争勢力に対する自らの正統性の保障とする際には、冊封の条件として「正朔《せいさく》を奉ずる」［中国の天子が定めた元号と暦法を用いる］ことが求められた。このため武帝は、十月を歳首（年の初め）とする秦の暦法の継承を止め、司馬遷らが暦法を改めた太初暦《たいしょれき》を用いて、一月を歳首としている。

こうして元号は、天子が時を支配するだけではなく、それを用いる空間をも支配することの表現となった。冊封体制と呼ばれる東アジアの国際秩序は、元号により時空を支配する中国の天子の徳を慕って、夷狄［異民族］が朝貢《ちょうこう》する［臣下として貢物を捧げる］ことにより成立した。ここに漢は、「漢家」を超えて一つの「天下」の支配者となり、時空を支配する天子を戴く「漢帝国」へと変貌したのである。

個別人身的支配

武帝は、元号の制定により時空を支配するだけでなく、皇帝の支配が一人ひとりに直接及ぶことを目指した。始皇帝も理想とした、こうした支配を個別人身的支配と呼ぶ。むろん、個別人身的支配は、すべての地域で、いかなる時にでも、常に実現し得たわけではない。そうした意味において、これは国家の支配意思と考えた方がよい。それでも、漢帝国は、個別人身的支配を目指した。そのための政策の一つが、二十等爵制《にじゅうとうしゃくせい》（図表2-2）である。

爵位は、国家的な身分を示すもので、日本でも明治時代には華族《かぞく》という特定のものたちだけに、公《こう》・侯《こう》・伯《はく》・子《し》・男《だん》の五等爵が与えられた。これは、周の爵制を典拠としている。同様に、秦の軍功爵制も、爵位は軍功を挙げた特定の人だけに与えられるものであった。

これに対して、漢の二十等爵制は、すべての人々を対象とする。帝室に慶事があるたびにすべての人々に爵一級が与えられるのである。両漢における爵位の賜与は、四百年で九十回にも及ぶ。①公士《こうし》から⑧公乗《こうじょう》の爵位は民爵と呼ばれ、爵位と交換に減刑などの恩恵を得ることができた。⑨五大夫《ごたいふ》以上の爵位は官爵と呼ばれ、官僚に与えられる。しかも、二十等爵制の頂点である⑳徹侯《てっこう》「通侯・列侯」の上には、諸侯王がおり、諸侯王の上には天子が君臨する。後漢「儒教国家」の経義を規定した『白虎通』では、天子も爵位と規定されている。民から天子まで「漢帝国」を構成するすべての人々が、爵位により身分を定められたのである。

こうして天子を頂点とする一つの爵制的秩序の中に、天子も諸侯王も官僚も庶民も含まれることになった。

図表2－2　二十等爵制表

1	公士《こうし》	11	右庶長《うしょちょう》
2	上造《じょうぞう》	12	左更《さこう》
3	簪裹《しんじょう》(簪褭)	13	中更《ちゅうこう》
4	不更《ふこう》	14	右更《ゆうこう》
5	大夫《たいふ》	15	少上造《しょうじょうぞう》
6	官大夫《かんだいふ》	16	大上造《だいじょうぞう》
7	公大夫《こうだいふ》	17	駟車庶長《ししゃしょちょう》
8	公乗《こうじょう》	18	大庶長《だいしょちょう》
9	五大夫《ごたいふ》	19	関内侯《かんだいこう》
10	左庶長《さしょちょう》	20	徹侯《てっこう》(通侯《つうこう》・列侯《れっこう》)

ただし、庶民［①公士～⑧公乗］と官僚［⑨五大夫～⑲関内侯《かんだいこう》］の間には、官僚にならなければ超えられない壁がある。また、官僚と⑳列侯の間、そして劉氏でなければ就くことのできない諸侯王と⑳列侯の間、そして何よりも、凡百の存在の上に唯一無二の公権力として君臨する天子と諸侯王の間にも、超えられない壁がある。二十等爵制はこのような形で、すべての人々を国家的身分制の中に位置づけるものであった。これが、個別人身的支配という国家の支配意思を表現する二十等爵制の特徴なのである。

天子の支配は、こうして権威づけられ、人々は漢帝国の支配に自発的に服従する。漢帝国は、法律や刑罰といった権力により一方的に支配を行うだけではなく、民爵の賜与という恩恵を与えることを通じて生じる権威により、自発的な服従を促すことによって、個別人身的支配を実現しようとしたのである。

武帝期に完成した個別人身的支配により、氏族制の解体は完了する。それは、始皇帝の目指した統治が、天下に広がったことを意味する。そして、漢は「漢家」を支配するものから「天下」を支配するものとなった。武帝は、こうした中央集権化政策に基づく個別人身的な支配と、父の景帝、祖父の文帝の安定した統治により積み重ねられていた国富とを利用して、対外的に積極策を展開していく。

第三章　漢帝国の確立

武帝の時代

1　匈奴との死闘

シルクロードの開通

漢は、劉邦が白登山の戦いで冒頓単于に敗れてより、北方遊牧民族である匈奴に対して屈辱的な関係を強いられてきた。武帝は、彼我の兵力差、ことに騎兵の劣勢を克服するため、匈奴に恨みを持つという西方の大国、大月氏国《たいげっしこく》との同盟を目指す。かつて匈奴と争った月氏は、冒頓の子老上《ろうじょう》単于に敗れ、王は殺され頭蓋骨をくり抜かれて杯《さかずき》にされた。北に逃れた月氏の一部［大月氏］は、それを怨んでいる、という情報を得たのである。

大月氏国への使者になります、と自薦したものが、張騫《ちょうけん》であった。武帝は、張騫を百人あまりの随行員とともに派遣する。だが、張騫は、漢の勢力圏である隴西《ろうせい》から出た直後、匈奴に捕らえられた。老上の子軍臣単于は、張騫が大月氏への使者であると聞き、「われわれが漢を超えて南越へ使者を出すことは、漢も許すまい」と言い、張騫たちを十年以上も抑留した。その間、匈奴の信頼を得た張騫は、妻を与えられ、子を儲《もう》けたが、符節《ふせつ》［漢の使者の証］を手放すことはなかったという。

やがて匈奴からの脱出に成功した張騫は、大宛《たいえん》［フェルガナ］にたどり着く。大宛王は、

図表3-1　張騫の派遣ルート

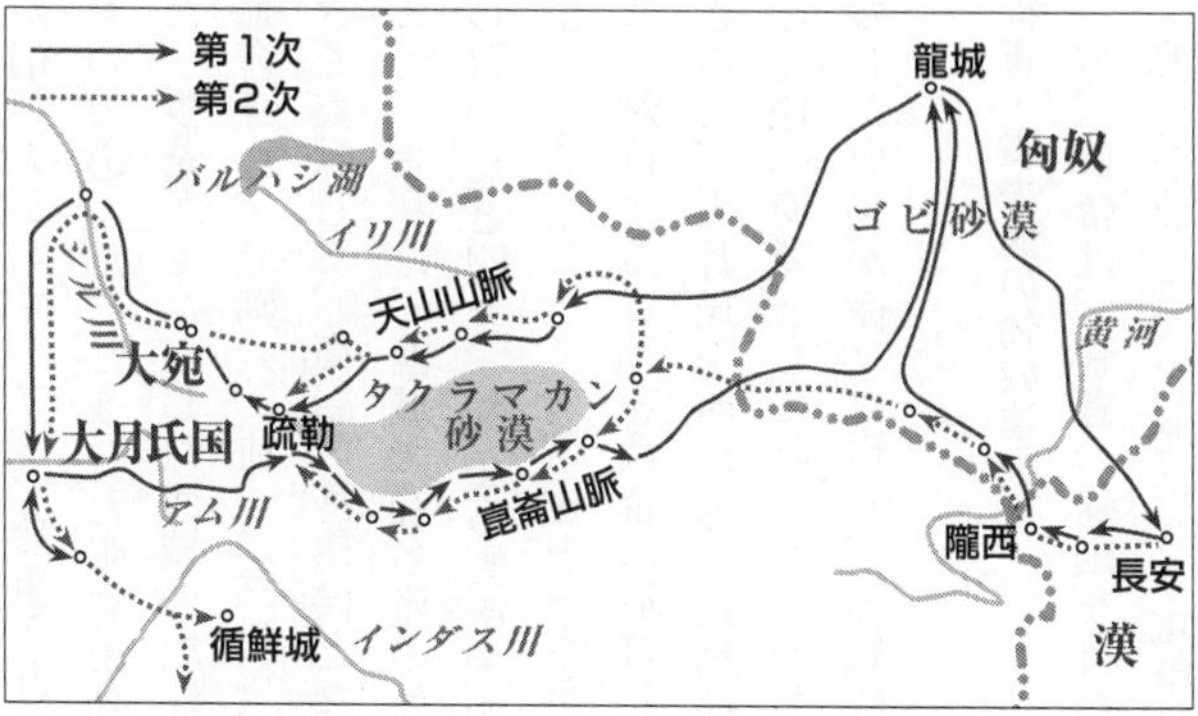

漢の豊かなことを聞き知っており、張騫を歓待して大月氏国までの道を教えた。大月氏は、北に逃げた後、烏孫《うそん》に追われてさらに西へ逃げたという。大月氏国に着いた張騫は、漢と同盟して匈奴を討つことを説いた。だが、大月氏は、それを拒否した。アレクサンドロスの部下が建てたバクトリア王国を征服していた大夏《たいか》［トハラ］に代わり、その地を支配した大月氏国は中継貿易で栄え、匈奴への怨みは昔日のものとなっていたのである。

張騫は、帰路にはモンゴル高原を避け、崑崙《こんろん》山脈のふもとから羌《きょう》族の地を通ろうとしたが、それでも匈奴に捕らえられた。一年あまりの後、軍臣単于の死去に伴う混乱に乗じて脱出し、元朔三（前一二六）年に漢へと帰還する。出発のときに率いていた百人余りの随行員は、二人になっていた。

目的とした大月氏国との同盟は果たし得なかったが、

漢の絹が大秦《たいしん》［ローマ］で珍重されていることなど、張騫が持ち帰った西域《せいいき》の知識は、貴重なものであった。こうした張騫の功績は、「シルクロードの開通」と意義づけられている。また、張騫がもたらした西域の地理と異民族の勢力分布は、漢の対匈奴戦略を優位に導いた。張騫自身も、元朔六（前一二三）年、匈奴遠征に参加する。張騫は、地理的な知識を活かし、大きく貢献して、衛尉《えいい》・博望侯《はくぼうこう》となった。

また、張騫は、西域で蜀名産の竹と布を持っている人から、それを身毒《しんどく》［インド］の商人から買ったと聞き、蜀から雲南《うんなん》・ミャンマーを通ってインドへと繋がるルート、すなわち「西南シルクロード」があることも知っていた。張騫は、このルートを通じて西域と結び、匈奴に対抗することを武帝に進言した。武帝の西南経略の動機である。

さらに、大月氏を西に追った烏孫と同盟することを考え、元狩四（前一一九）年には張騫自ら烏孫へ使者として赴いた。のち烏孫は同盟に応じ、西域諸国は漢と交易するなど、張騫の残した成果が徐々に現れ、匈奴に対する漢の立場を優位にしていく。

衛青・霍去病の匈奴遠征

一方、武帝は、張騫の帰国を待たず、匈奴討伐を開始していた。すでに述べたような元光二（前一三三）年、謀略により軍臣単于を騙し討ちにしようとした馬邑の役である。

匈奴が漢の辺境を頻繁に侵していたため、武帝は、馬邑出身の聶壹の献策を実行する。聶壹は、匈奴に、「馬邑の県令は殺しましたので、安心してお入りください」と偽降《ぎこう》する。馬邑付近には、韓安国《かんあんこく》・李広《りこう》ら三十万余の兵が、代郡には王恢《おうかい》・李息《りそく》の兵が伏せてあった。軍臣単于は、騎兵十万を率いて馬邑に向かったが、県城から百余里の場所で、家畜が野放しにされているのに人がいないことに気付き、罠を疑って前進を止めた。匈奴軍は雁門《がんもん》の小役人を捕らえ、漢軍が馬邑に埋伏《まいふく》していることを知り、驚いて撤退する。これにより、漢と匈奴の和親関係は、完全に破綻した。

元光六（前一二九）年、武帝は、四人の将軍にそれぞれ一万騎を率いさせ、四方から匈奴を攻撃する。しかし、四人のうち勝利をおさめたものは、衛青《えいせい》だけであった。幼少から匈奴と境を接する北辺で羊の放牧をし、匈奴の生活や文化に詳しかった衛青は、匈奴の行動様式を熟知していた。たまたま姉の衛子夫《えいしふ》［のちの衛皇后］が武帝の寵姫となることで、低い身分から抜け出していたのである。これ以降、衛青が匈奴戦争の中心となり、七回にわたって匈奴に出撃する。

元朔二（前一二七）年、衛青は、車騎《しゃき》将軍として第三回遠征を行い、匈奴の白羊王《はくようおう》・楼煩《ろうはん》王《おう》を破り、オルドスを奪った。秦の蒙恬以来のことである。武帝は、オルドスに朔方《さくほう》郡を置き、その地を固めようとする。それでも匈奴が、オルドスへの侵入を繰り返すと、元朔五

図表3－2　衛青の遠征（第3回、第4回）

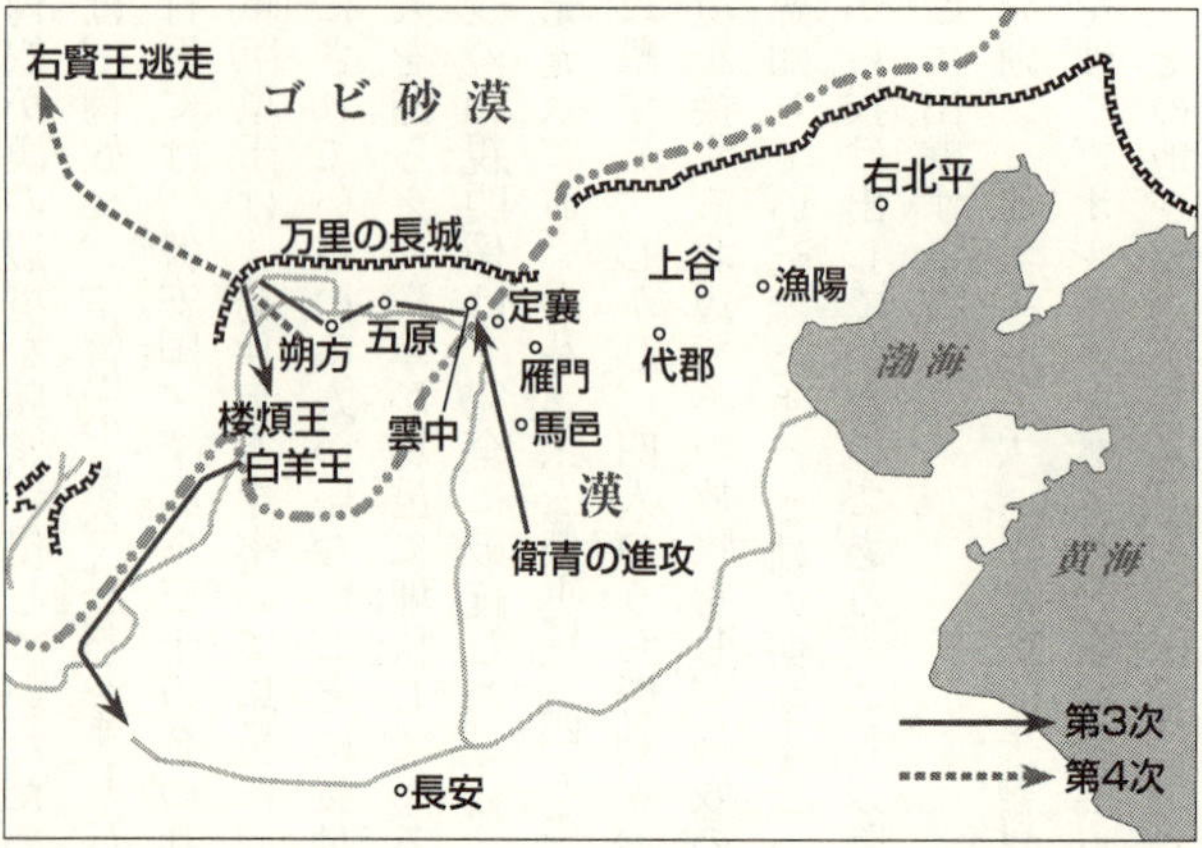

（前一二四）年、衛青は、第四回遠征を行い、オルドスより深く塞外にまで攻め込み、匈奴の右賢王《ゆうけんおう》を破った。これが衛青の最大の功績となる。功績により大将軍《だいしょうぐん》となった衛青は、第五回・第六回の遠征を行い、自身は匈奴を破った。だが、漢の将軍の中には敗れて降伏したものもあった。それから四年後の元狩四（前一一九）年、衛青は最後となる第七回遠征を行ったが、そのとき中心は、甥の霍去病《かくきょへい》に移っていた。

霍去病は、衛皇后の姉が霍仲孺《かくちゅうじゅ》という小吏と通じて生んだ子である。父の霍仲孺に、二人は捨てられた。だが、幸いにも妹の衛皇后が武帝の寵愛を受けたので、姉は去病を伴って陳《ちん》掌《しょう》［陳平の孫］の妻となった。

元朔六（前一二三）年、十八歳のとき、霍去病は叔母の衛皇后に宮中に召され、叔父の衛青の、第五回匈奴遠征に従った。霍去病は初陣から抜群の功績を挙げた。そのため、元狩二（前一二一）年、衛青による第六回遠征では、驃騎《ひょうき》将軍として匈奴を攻撃し、休屠王《きゅうとおう》を撃退する。同年夏、合騎侯《ごうきこう》の公孫敖《こうそんごう》とともに隴西より、同時に張騫と李広は右北平《ゆうほくへい》より出撃した。李広軍は全滅に近い打撃を受け、ほかの二人も道に迷うなか、霍去病軍だけは、居延《きょえん》を過ぎて祁連山《きれんざん》に至り、匈奴を撃破した。

霍去病の勝利により、武帝は河西回廊《かせいかいろう》に武威《ぶい》・酒泉《しゅせん》・張掖《ちょうえき》・敦煌《とんこう》の河西四郡を置き、西域進出の拠点を確保した。そして、翌年の元狩四（前一一九）年、最後の遠征となった衛青とともに、霍去病は匈奴の伊稚斜《いちしゃ》単于に大勝し、漠南《ばくなん》［内モンゴル］までを漢の勢力下に置いた。ここに、形勢は完全に逆転したのである。

だが、漢もまた、十万の兵士が戦死し、軍馬は尽き、府庫は空となり、匈奴との戦いは中止される。それから二年後、霍去病は二十四歳の若さで病死した。武帝は、自らの茂陵《もりょう》のほとりに祁連山を象《かたど》った墓を造営した。

蘇武と李陵

高祖劉邦もできなかった匈奴打倒を達成した武帝は、特別な天子しか行えない封禅という儀礼を行った。梁父《りょうほ》に地を祀り、泰山《たいざん》に天を祀って、自らの功績を天に報告したのである。

だが、霍去病が病死した後、再び匈奴と争うと戦況は悪化する。武帝は、軍馬の劣勢を補うため、軍馬の産地である大宛を李広利《りこうり》に討伐させる。二度にわたる大遠征により、太初《たいしょ》四（前一〇一）年、李広利は、大宛王を殺させ、多数の汗血馬《かんけつば》を得て、長安に帰還した。武帝は、これより先に烏孫より得ていた馬を「西極《せいきょく》」、汗血馬を「天馬《てんば》」と名付け、「西極・天馬の歌」を作らせて、祭祀のときに演奏させ、その成果を讃えた。

しかし、ここに至って、財政は完全に破綻する。大商人出身の経済官僚である桑弘羊《そうくよう》は、均輸《きんゆ》法・平準《へいじゅん》法と鉄・塩・酒の専売により、財政の立て直しを図る。実質的に効果のあった塩の専売は、生活必需品に等しく税をかける悪税で、貧富の差を広げ、やがて武帝期以降に豪族の台頭と小農民の没落による社会不安を惹起する。

天漢《てんかん》元（前一〇〇）年、匈奴から和議が持ちかけられると、武帝は蘇武《そぶ》を派遣し、節《せつ》「外交権を示す犛牛《ぼうぎゅう》の毛飾りのある旗竿」を授け、豪華な贈り物を持たせて匈奴に向かわせた。蘇武を引見した且鞮侯単于《しょていこう》は、贈り物が大量であることから漢は匈奴を恐れていると考え、和平は成立しなかった。蘇武は、匈奴への降伏を強要され、自殺を図るが果たせず、食事もできない穴蔵に入れられる。蘇武は氷を齧《かじ》り、「節」の毛をむしり食べて命をつないだ。だが、さらに、バイカル湖付近の荒野に送られ、牡羊だけを飼わされて、「羊が子を生んだら返してやろう」と言われた。蘇武は、こののち十九年間、匈奴への降伏を拒否し続け、抑留生活を続ける。その間、蘇武は、漢からの使者の証である「節」を常に持ち続けていたという。

蘇武が抑留された翌年の天漢二（前九九）年、武帝は弐師《じし》将軍の李広利に匈奴討伐を命じ、三万騎を率いて酒泉から出撃させた。また、騎都尉《きとい》の李陵《りりょう》［李広の孫］に、五千騎を率いて居延から出撃させた。李広利は、右賢王を破ったものの、匈奴の大軍に包囲されて大敗、全軍の六、七割を失った。李陵は、単于の本隊三万と遭遇し、善戦すること十数日、敵一万余人を殺傷した。だが、匈奴の援軍八万が現れ、力尽きて降伏する。

捕虜となった李陵は、それでも漢への忠誠心を捨てられなかった。だが、武帝は、李陵が匈奴軍を訓練しているとの誤報を得て、李陵の家族を皆殺しにした。漢に帰る望みを失った李陵は、心を漢に寄せながらも、李陵の勇猛を愛して優遇する単于の厚意を受け、その娘を妻とし、匈奴の右校王《ゆうこうおう》となった。

蘇武と李陵は、かつて侍中《じちゅう》［皇帝の側近官］として同僚であった。十数年後、李陵は、酒食を携えて、蘇武を訪ねた。李陵は、一家が離散し、妻も再婚した蘇武が、漢への思いのために困窮していることを見て、匈奴への降伏を勧めたかった。だが、蘇武は言わせない。それでも蘇武は、李陵が一家を誅殺された苦しみを思い、匈奴の臣下となっていることを責めなかった。二人は、相手の立場を理解しながら、それを口にせず、酒を酌み交わした。

武帝が崩御し、昭帝《しょうてい》のもと、ともに李陵の旧友である霍光《かくこう》と上官桀《じょうかんけつ》が政権を握ると、匈奴に使者を出し、李陵に帰国を勧めた。李陵は、漢への忠誠と思慕が強く、匈奴の臣下となった我が身を恥じて、帰国しなかった。一方、始元《しげん》六（前八一）年、蘇武は十九年ぶりに漢に帰国する。李陵は、蘇武のために送別の酒宴を開き、自ら舞い、蘇武の忠誠を称賛した。李陵が卒したのは、元平《げんぺい》元（前七四）年、降伏から二十五年の歳月が経っていた。

蘇武と李陵の行動は異なるが、漢への思いは共通である。二人の漢への思いから、武帝期に「漢帝国」が意識の上でも確立していたことを窺い得る。景帝期の呉楚七国の乱を機に、諸侯国は縮小し、武帝期には、郡国制は事実上の郡県制へと移行した。元号制定とあわせ、ここに、皇帝は、諸侯家と並列の「漢家」の君主でなく、中国全土に唯一無二の公権力として屹立する「漢帝国」の「皇帝」であることを明確にした。

さらに武帝が、南方では夜郎《やろう》［貴州省］、南越、東方では衛氏《えいし》朝鮮［朝鮮西北部］を征服し、南方に南海《なんかい》郡など南海九郡、東方に楽浪《らくろう》郡など朝鮮四郡を設置して領土を拡張したことは、「漢帝国」の支配者が、異民族をも含む「天下」を支配する「天子」であることも明確にした。自分に匹敵する匈奴との長きに及ぶ戦いの中で、国とは何か、自分たちは誰か、という自意識が形成され、「漢帝国」、そして「漢民族」が成立したのである。

そうした意識を背景としながら、自分たち漢帝国・漢民族の位置を過去から探り、国のかたちを表現したものが、司馬遷の『史記』である。『史記』を理解するためには、司馬遷の師である董仲舒《とうちゅうじょ》とその学問である春秋《しゅんじゅう》公羊学《くようがく》を知らなければならない。司馬遷は、『春秋』に準《なぞら》えて、『史記』を執筆しているためである。

2　儒家の台頭

儒教の国教化は武帝期ではない

武帝の積極的な国政運用に伴い、前漢初期の支配理念であった無為を尊ぶ黄老思想は次第に衰退していく。そうしたなか、董仲舒の献策により、太学《たいがく》〔国立大学〕に五経博士《ごきょうはくし》が置かれ、儒教が国教化された、と説かれることも多い。五経博士とは、『詩経』『尚書（書経）』『春秋』『易経《えききょう》（周易《しゅうえき》）』『礼記』という儒教経典ごとに置かれた博士官のことである。結論的に言えば、これは班固《はんご》の『漢書』に描かれている董仲舒への賛美を妄信した誤解である。武帝期を生き、董仲舒を師とする司馬遷は、畢生《ひっせい》の著書『史記』にそのような董仲舒の事績を記録しない。

司馬遷の『史記』には、董仲舒の列伝が立てられている。三一八字からなる『史記』の董仲舒伝を約二三倍の七二二五字に加筆したものが『漢書』の董仲舒伝である。字数から見ても、「加筆」というレベルの増補の仕方ではないことが分かる。増補した部分には、五経博士を置いて、諸子百家を退け、儒教のみを尊崇すべきと説いている「天人三策《てんじんさんさく》」と呼ばれる三つの上奏文が含まれる。武帝がこれを嘉納し、儒教は国教化された、と従来は説かれてきた。だが、第二策に含まれる康居《こうきょ》国［タシケント付近］は、張騫によって武帝の末期に初めて中国に伝えられる国名であり、董仲舒の上奏年には、いまだその存在を知られていない。「天人三策」は、武帝のときに董仲舒が上奏した文章であるとは考えられないのである。

班固がなぜ、どのように董仲舒を顕彰したのかについては、第六章で説明しよう。ただ、董仲舒の献策で儒教が国教化されたことが事実ではないとしても、武帝期より儒家が台頭したことは間違いない。儒者として最初に丞相となった公孫弘《こうそんこう》や張湯《ちょうとう》のように、武帝の好む法家《ほうか》思想を儒教で飾る儒者は重用された。だが、政治家としては不遇で、自己の理想を政治に反映できなかった董仲舒にこそ、儒教の思想内容の深化を見ることができる。

儒家の祖である孔子は、前五五一年ごろに、魯の国に生まれた。魯は、周を建国した武王《ぶおう》の弟で、武王の死後、その子成王《せいおう》を輔《たす》けて封建制度を確立した周公旦《しゅうこうたん》の子が封建された国である。周の権威が崩壊しつつあった春秋時代の末期、周の伝統を受け継ぐ魯に生きた孔子は、詩《し》と書《しょ》を学ぶことを通じて、周代の礼《れい》と楽《がく》の復興を唱えた。『史記』は、孔子が詩・書・春秋・易《えき》・礼・楽という六経《りくけい》のすべてを編纂したと伝える。しかし、『春秋』『易経』『礼記』に、孔子が手を加えた可能性はない。

六経のうち古くに滅びた楽［音楽］を除いて、「五経」と呼ばれる『詩経』『尚書』『春秋』『易経』『礼記』のうち、『詩経』は西周《せいしゅう》以来の華北の詩を編集したもの、『尚書』は堯《ぎょう》や舜など典範となるべき帝王の言行をまとめたものである。孔子はこの二つを用いて弟子を教育した。「漢の経《けい》」とも呼ばれるほど、漢代の中心的な経典となった『春秋』は、魯の国の年代記で、隠公元（前七二二）年から哀公《あいこう》十四（前四八一）年に至る十二公、二百四十二年間の歴史的な記録である。孔子が『春秋』を編纂したという伝説は、『孟子《もうじ》』から始まる。『易経』は、八卦《はっか》を中心とする占いを記した経に、理論的根拠を与える繫辞伝《けいじでん》など十翼《じゅうよく》が付加されて儒教経典となった。十翼の付加は、漢代に完成する。『礼記』は、礼に関する文献を前漢の戴聖《たいせい》が整理したものであるという。五経のうち『易経』と『礼記』の完成は、漢代まですれ込む。孔子がこれらを編纂したわけではない。

これら「五経」が儒教の経典と位置づけられ、太学に五経ごとに博士が置かれた時代は、武帝の三代後の宣帝期であり、儒教が漢の国教となるのは、後漢に入ってからである。そうした儒教一尊の前提となる、儒教と国家との関係の理論化に努めたものが、武帝期の董仲舒なのである。

天人相関論

人倫を説く孔子の教えは、そのままでは天子の支配を正統化しない。したがって、董仲舒が出現するまでの儒教は、権力に擦《す》り寄る術《すべ》が弱く、秦は法家思想、漢初は黄老思想が国家の支配理念の中核に置かれた。董仲舒が修めた春秋公羊学は、儒教のなかでいち早く経義を現実に擦り合わせ、武帝期の後半より次第に権力に近づいていく。このため、漢代の、そして南宋《なんそう》に朱熹《しゅき》(朱子)が現れるまでの儒教は、春秋公羊学派の董仲舒がまとめた、天子の善政・悪政に応じて、天はその政治を賛美・譴責《けんせき》するという天人相関《てんじんそうかん》論を中心的な学説とする。

人の身体に大きな関節が十二、小さな関節が三百六十六ヵ所あるのは、一年の月数と日数に対応し、五臓《ごぞう》[肝・心・脾《ひ》・肺・腎]が五行《ごぎょう》[土・木・金・火・水]に、四肢《しし》[両手両足]が四時《しいじ》[春・夏・秋・冬]に対応する。また、人が目覚めて眠ることは、昼と夜に等しい。すなわち、人の身体は、天の全体を備えた小宇宙であり、それゆえ人は天と不可分の関係にある。したがって、人の頂点に君臨する天子が善政を行えば、天は瑞祥を降してそれを褒め、天子が無道であると、天は地震や日食や洪水などの災異《さいい》を降してそれを譴責する。これが董仲舒の天人相関論である。

ただし、天は、すべての人に感応するわけではない。天は、天命を降して統治を委ねた天子の行為に感応して瑞祥と災異を降す。それにより、天子を生み出した責任を果たすのである。天人相関論において、天は主宰者であり、超越的存在者として、天子の支配を正統化するとともに、これを批判する存在とされている。ここに儒教は、人格的な主宰神を持つ宗教となる準備を整えた。本来、宗教ではなかった儒教が、国家支配を正統化する過程で、宗教化していくのである。

政策の正統化

董仲舒は、公羊高《くようこう》が伝えたという注釈書の公羊伝に基づき『春秋』を解釈する春秋公羊学者である。秦が崩壊したのち、儒教各派は、自らの教えを漢の正統とするために、経典を増補・改訂していた。公羊学派より董仲舒が現れたことは、「春秋三伝」と総称される公羊伝・穀梁伝《こくりょうでん》・左氏伝《さしでん》のなかで、公羊伝の解釈が、最も時代に適合していたことを示す。

このため武帝は、『春秋公羊伝』を自らの政策の正統化に用いた。太初四（前一〇一）年、匈奴との戦いを再開するにあたり、武帝は次のような詔《みことのり》を出している。

高皇帝《こうこうてい》（劉邦）は、朕に平城《へいじょう》の憂い［白登山での敗戦に報復していないこと］をのこし、高后《こうこう》（呂皇太后）はある時、匈奴の単于から送られた無礼な書［劉邦の死後、一人で寂しいだろうから、妻にしてやるという書簡］に耐えた。むかし（春秋時代の）斉の襄公《じょうこう》は九

世前の仇を報いたが、『春秋』はこれを尊重している。『漢書』匈奴伝上

武帝の詔は、公羊学の「春秋の義《ぎ》」〔『春秋』に示される規範とすべき正しさ〕を踏まえ、匈奴の討伐を正統化している。『春秋公羊伝』荘公《そうこう》四年の条は、斉の襄公が紀《き》を滅ぼしたことを九世前の斉侯のために仇を報いたものと肯定し、百世の仇であっても復讐すべきである、と春秋の義を示している。穀梁伝・左氏伝にはない、公羊伝の特徴である徹底した復讐の肯定は、高祖劉邦の時からの匈奴の侵攻に対する復讐を是認するためと考えてよい。また、公羊伝の特徴である激しい攘夷《じょうい》思想の理由も、夷狄である匈奴への復讐を正統化するためと考えることができる。匈奴の侵攻に苦しむ前漢前半期の国際関係の現実が、激しい攘夷思想と復讐の是認という公羊伝の特徴に反映しているのである。換言すれば、そのような特徴を持つ経典を作り上げることにより、儒教は国家の政策を正統化して自らの教えを広めようとした。武帝もまた、公羊伝を論拠とする国政の正統性を詔に述べることで、自らの政策に広い支持を得ようとしたのである。

武帝は、『春秋公羊伝』に基づき、匈奴との戦いを正統化した。こうして儒教は、政治に大きく関わっていく。一方で、司馬遷は、『春秋公羊伝』に基づき『史記』を著すことで、匈奴と無理に戦う武帝を批判し、国のあり方を表現していく。

3　司馬遷の『史記』

国のかたちを問う

『史記』は、司馬遷が著した中国最初の通史であり、黄帝から前漢武帝期までを扱っている。有史以来の主な国家の編年史を「本紀」十二巻とし、歴史の大きな流れを俯瞰する。次に流れを詳細にするため、系図および年表を十巻の「表《ひょう》」に示した。そして、儀礼・制度・音楽・天文・暦法・祭祀・治水・経済の分野史を八巻の「書《しょ》」に著し、諸侯の歴史を三十巻の「世家《せいか》」にまとめる。最後に、人物の伝記を七十巻の「列伝《れつでん》」に叙述して、あわせて百三十巻、司馬遷はこれを『太史公書《たいしこうしょ》』と名付けた。『史記』と呼ばれるようになるのは、後漢の霊帝期《れいていき》［二世紀後半］のことである。本紀と列伝を中心とする『史記』の記述形式は、「紀伝《きでん》体《たい》」と呼ばれる。唐から編纂される「正史《せいし》」［国家の正統を示す史書］は、本紀に正統を示し得る紀伝体で書かれる。

司馬遷が『太史公書』と名付けたのは、父の司馬談《しばたん》が天文・暦法と事件の記録を掌る太史《たいし》令《れい》という官職に就き、世家二篇と列伝八篇を著していたことによろう。司馬遷もまた、太史令に就いた。司馬遷は父を太史公と呼び、自らも「太史公曰《いは》く」から始める文で自分の見解を述べた。『太史公書』は、まだ成立していなかった「史」学というジャンルの本ではなく、事件の記録に孔子が義を加えたとされていた「春秋」学の本として書かれた。たとえば、司馬談は、自らが著した春秋・戦国から漢初の部分で、権力を批判した人々を高く評価するという義を示している。

司馬遷が著した部分は、二つに大別される。佐藤武敏によれば、太史令として執筆したのは、本紀六篇、書五篇、世家二十一篇、列伝十八篇である。こののち、司馬遷は太史令を罷免される。匈奴に降伏した李陵を弁護したからである。武帝が激怒したのは、司馬遷の意見の背後に、対匈奴戦の指揮者である李広利、さらには匈奴政策そのものへの批判が潜在していたことによる。武帝は、批判を封殺するため、司馬遷を極刑に処した。

司馬遷は、『史記』が未完であったことから、死刑を免れるため宮刑《きゅうけい》〔生殖器を削除する刑〕を受けた。やがて武帝は、李陵が戦いに死力を尽くしたことを知り、後悔する。このため司馬遷は、受刑の後、太始《たいし》元（前九六）年に中書令《ちゅうしょれい》〔皇帝の側近官〕となり、『史記』の執筆を再開できた。『史記』の完成は、征和《せいわ》二（前九一）年、十三年に及ぶ執筆期間であった。

司馬遷の問題意識は、「天道是《ぜ》か非《ひ》か」という列伝の最初に置かれる伯夷《はくい》伝の問いかけとして表現される。周が殷を武力で滅ぼすことを批判した「義人」であるはずの伯夷と叔斉《しゅくせい》が、周に受け入れられず、餓死という惨《みじ》めな死を遂げたことへの疑問である。「天道是か非か」

という言葉には、司馬遷自身が、奮戦した李陵の弁護という正しい行いをしながらも、宮刑という屈辱的な刑罰を受けたことに対しての悲痛な思いが込められている。このため、李陵事件以降に執筆した部分には、『春秋』の筆法に基づく武帝への批判が展開される。『春秋』の筆法とは、微言大義《びげんたいぎ》と呼ばれる微妙な表現の違いにより、歴史への評価を示すことである。「史記」〔史官の記録〕ではなく、『太史公書』という思想書として「史」を記録したのは、李陵や蘇武、そして何より自分の悲劇を招いた「国のかたち」を問わねばならなかったからである。

『史記』の特徴

従来、『史記』には物語的叙述が多いため、司馬遷の発憤《はっぷん》による創作が多いと言われてきた。いわゆる「発憤著書」説である。また、武帝のころは、文字に書かれた資料は少なかったとされ、口承《こうしょう》と語り物の利用や、司馬遷の旅行による取材を重視する説も多かった。『史記』の文学性を強調する見解である。しかし、一九七二年に発見された長沙馬王堆漢墓の三号墓より出土した帛書『戦国縦横家書《せんごくしょうおうかしょ》』〔楚漢の際までに記された戦国故事二十七篇の輯本〕は、『史記』の種本の一つと考えられ、その記述と『史記』との比較を行った藤田勝久によれば、『史記』の戦国史料では、少なくとも九割以上が、これらの先行する文字資料を素材にしているという。具体的には、『史記』が素材とした資料は、漢の宮中の図書を基本とする。それらの中で、『史記』が利用したものは、太常《たいじょう》〔祭祀を掌る大臣。太史令は太常の属官〕に関する儀礼書、太史令が持つ天文・暦・紀年資料・系譜と、博士《はくし》〔太学の教官〕の書物が多いとされる。

司馬遷は、素材を収集した後、それを取捨選択して『史記』を編集したが、選択した資料の中には、すでに史実として疑わしい伝説も含まれていた。『史記』が文学性を帯びているのは、たとえば一九七二年に発見された銀雀《ぎんじゃく》山竹簡《ざんちくかん》『孫子』のエピソードがそのまま孫子列伝に引用されているように、利用した説話そのものが物語性を持つ場合がある。また、司馬遷が興亡の原理や、滅亡・失脚の原因を説明するために、記述が物語性を帯びた場合もある。司馬遷が『史記』を著述するころには、書写された文書により書籍を編集する時代に入っていたのである。

司馬遷は、李陵事件の後、『史記』の叙述範囲を広げ、上は春秋から遡って五帝《ごてい》〔黄帝・顓頊《せんぎょく》・帝嚳《ていこく》・堯・舜〕まで、下は漢初に止めず武帝までを扱い、通史を完成させた。そこには、漢帝国のあるべき姿を示すため、古代における理想的な帝王、また国家を衰亡に導いた無道な帝王が、いかなるものであるのかを記し、武帝に提示しようとする司馬遷の執筆意図があった。司馬遷は、李陵事件の後、歴史を「鑑《かがみ》」として武帝を諫めようとしたのである。

師の董仲舒が次章で説明する災異説により、武帝を訓戒しようと試みたことの継承である。

これに対して、李陵事件の前に著していた漢初の本紀は、その多くが明君として描かれ、賛美の言葉が連ねられる。李陵事件の前の『史記』は、漢を賛美する史書なのである。一方、秦始皇本紀と項羽本紀は、漢初の皇帝たちと対照的に批判の対象とされた。それに対して、李陵事件の後は、封禅書《ほうぜんしょ》・平準書《へいじゅんしょ》・酷吏《こくり》列伝・貨殖《かしょく》列伝などの諸篇に、武帝への批判を読み取ることができる。董仲舒より学んだ「春秋の筆法」では、春秋時代の事件に対して、毀誉褒貶《きよほうへん》を加えて評価を示す。司馬遷は「太史公曰く」と「君子曰く」などの言葉により、春秋の筆法を春秋時代の外にまで広げたのである。して自らの見解を述べることで、春秋の筆法を春秋時代の外にまで広げたのである。

また、李陵事件以降は、君主によって不当な罪に問われた個人を同情の眼で見つめる篇も多い。従来、この部分に『史記』の特徴が集約され、「発憤著書」説が主張されていた。それは決して誤りではないが、『史記』の特徴のすべてではない。『史記』の最大の特徴は、「漢帝国」の成立を背景に、初めて本格的に春秋学の視座から、「国のかたち」を考えたことにこそある。

獲麟

漢の宮中の書籍を分類した『漢書』の藝文志《げいもんし》が、『太史公書』を六藝《りくげい》〔儒家の経書〕のなかの春秋家に分類しているように、いまだ「史」は、史学としての独立した地位を学術上に占めてはいなかった。司馬遷は、歴史の叙述方法を師の董仲舒の春秋学より学んだ。現行の『史記』では失われているため不明であるが、班彪《はんぴょう》〔班固の父〕によれば、『史記』武帝紀の最後は、「獲麟《かくりん》」の記事で終わっているという。獲麟とは、太平の世に現れるべき麒麟《きりん》が、乱世に現れて獲《とら》えられることである。

これを『後漢書』の李賢《りけん》注は、「武帝の太始二（前九五）年、隴首《ろうしゅ》に登り、白麟《はくりん》を獲えた。司馬遷は『史記』を著していたが、（孔子が獲麟で『春秋』を擱筆《かくひつ》したように）筆をこの年で擱《お》いた」と説明する。現在、司馬遷の著した武帝本紀は伝わっておらず、『史記』が太始二（前九五）年の獲麟で筆を擱いているか否かを直接確認することはできない。しかし、『史記』太史公自序にも、「陶唐《とうとう》〔堯〕よりこのかた、麟止《りんし》〔獲麟とほぼ同義〕までのことを論じた。その記述は黄帝より始める」とあり、獲麟で筆を擱いたことは明記されている。

魯の哀公十四（前四八一）年、獲麟の記事で、孔子が『春秋』を擱筆したことについて、董仲舒が司馬遷に授けた『春秋公羊伝』では、「君子はなぜ『春秋』をつくったのか。乱世をおさめ、これを正しきにもどすには、『春秋』より適切なものはないからである」と説明している。春秋公羊学では、孔子は獲麟を機に周の滅亡を感じ、『春秋』の執筆を始めた、というのである。司馬遷が、獲麟で筆を擱いたのは、漢の滅亡を予感し、孔子の『春秋』と同様に『太史公書』を後世に遺して、乱をおさめるための法を著し、後王《こうおう》にそれを残そうとしたことになる。

事実、『史記』太史公自序には、次のように記されている。

凡《およ》そ百三十篇、五十二万六千五百字、これを太史公書と名付ける。……（本書は）六経の異伝にかない、百家の雑語を整え（たもので）、（原書は亡失せぬよう）名山に蔵《かく》し、副本は京師《けいし》に置いて、後世の聖人・君子を俟《ま》つ。『史記』太史公自序

最後の「後世の聖人・君子を俟つ」は、『春秋公羊伝』哀公十四年の「春秋の義を制して、以て後聖・君子を俟つ」を踏まえた表現である。『史記』の武帝本紀が伝わらない理由の一つに、武帝による削除説がある。武帝は、詔の中に『春秋公羊伝』を引用しており、春秋公羊学の経義を知っていた。『史記』の本紀が獲麟で終わる意味を理解できたのであろう。

後漢の第二代皇帝の明帝《めいてい》は、『漢書』を著す班固に司馬遷の評価を問う中で、司馬遷が『史記』を著したことは、「名を後世に揚《あ》ぐ」べきことであるが、「微文《びぶん》」［春秋の筆法］により武帝の世を謗《そし》ったことは、正しいことではない、と批判している。後漢の明帝は、司馬遷が春秋の筆法により武帝を批判していることを的確に理解していた。

司馬遷は、自らを『春秋』を著した孔子に準え、自分の筆によって、このままでは消えゆく運命にある高義の士の名を後世に伝えるため『史記』を著したという。ただし、『史記』は、単に史実を記録した訳ではない。司馬遷の『史記』執筆の思想的な背景は春秋公羊学にあり、その執筆目的は、春秋の筆法により武帝を批判することにあった。それにより、漢帝国のあるべき姿を示そうとしたのである。それが司馬遷の「国のかたち」を問うた結果であった。それほどまでに匈奴との抗争により、漢の財政は破綻していたのである。

4　塩鉄論争

桑弘羊の経済政策

匈奴をはじめとする外征に要した莫大な軍事費により破綻した財政の再建のため、武帝は農業を振興する。水利工事を活発に行い、首都長安を含む関中の農地を拡大し、干害を防止した。また、代田法《だいでんほう》［広さ六尺、長さ二四〇歩の耕地に、広さ・深さともに一尺の甽《みぞ》を一尺おきに三本つくり、その間にできる一尺幅の壟《うね》と甽とを毎年交代させて田を耕やす新農法］を普及させ、穀物の増収を図り、民力の回復に努めた。一方、商人出身の桑弘羊の立案に基づき、商人に算貲《さんし》［財産税。二千銭の資産につき一算〈一二〇銭〉］を課税した。さらには、告緡令《こくびんれい》を出し、財産隠匿の告発を推奨し、商人の財産を没収する。このほか武帝は、貨幣を改鋳し、売官《ばいかん》・売爵《ばいしゃく》までをも行って財政の改善に努めた。それでも、たび重なる外征、建章宮《けんしょうきゅう》や明光宮《めいこうきゅう》の建設、宮廷の奢侈などにより財政難は解決しない。

そこで、武帝は、桑弘羊の立案した、均輸法・平準法および塩・鉄・酒の専売政策を実行する。均輸法は、均輸官を郡国におき、特産物を税として徴収し不足地に転売するもので、物資の流通と物価の安定を目指した。平準法は、国家が物資を貯蔵し、物価の高騰時には販売し、低落時には購入する物価安定策である。両法はいずれも、財政難の打開とともに、物価の安定、商人の抑圧、小農民の保護をも目的としていた。財政の再建とともに、国家の存立基盤である小農民の保護を同時に目指す、高度な政策と言えよう。これに対して、塩・鉄・酒の専売は、生活必需品を国家の統制下におき、貧富の差に関係なく等しく負担を強いる課税であった。均輸法・平準法に比べて、貧富の差を拡大する悪税と言えよう。

これらの経済政策のなかでは、農民保護の側面を持たない塩・鉄・酒専売〔酒はやがて廃止〕が最も施行しやすかった。ただし、これは悪税であったため、貧富の差を拡大させる。それにより、豪族と呼ばれる大土地所有者が大きな力を持つに至った。こうして武帝の治世末期には、民は疲弊し、各地で農民反乱が起こった。

征和二（前九一）年、貧富の差の拡大に起因する社会不安と、武帝の老いを要因とする宮廷内の権力争いは、巫蠱《ふこ》の獄《ごく》を惹《ひ》き起こす。呪いの人形である巫蠱が皇太子劉拠《りゅうきょ》「のち戻《れい》太子《たいし》と諡《おくりな》される」の宮殿から発見された、と寵臣の江充《こうじゅう》が上奏したのである。劉拠は、挙兵して江充を斬ったが、丞相の劉屈氂《りゅうくつり》「中山靖王劉勝の子」に激戦の末に敗れ、自殺する。のち、劉拠が無実であったことが分かり、武帝は神仙思想に心を惹かれ、皇太子の殺害と過去の征伐を後悔する。こうして武帝の死後、漢帝国は危機を迎える。

武帝の崩御

武帝には、早くに卒した次男の劉閎《りゅうこう》のほか、衛皇后が生んだ長男の劉拠「戻太子。劉病已《りゅうへいい》（第十代の宣帝）は孫」、李姫の生んだ三男の劉旦《りゅうたん》「燕王」、四男の劉胥《りゅうしょ》「広陵厲《れい》王」、李広利の妹である李夫人が生んだ五男の劉髆《りゅうはく》「昌邑哀王。海昏侯劉賀（第九代の廃帝《はいてい》。なお廃帝を第九代と数えず、一つずつ代をずらすこともある）は子」、趙婕妤《ちょうしょうよ》が生んだ末子の劉弗陵《りゅうふつりょう》「第八代の昭帝」という六人の子がいた（図表3－3）。

このうち、皇太子の劉拠は、江充により巫蠱の獄に陥れられた。劉拠の子である劉進《りゅうしん》「史皇孫《しこうそん》」は殺されたが、その子の劉病已「宣帝」は、治獄使者《ちごくししゃ》として取り調べを行った丙吉《へいきつ》により助けられた。のち、武帝が劉拠の無罪を知り劉病已を恩赦《おんしゃ》すると、掖廷令《えきていれい》の張賀《ちょうが》「御史大夫の張湯の子」が後見役となり、学問を積んだ。張湯は、儒家の公孫弘と関係が良く、

図表3-3　武帝の諸子と帝位継承

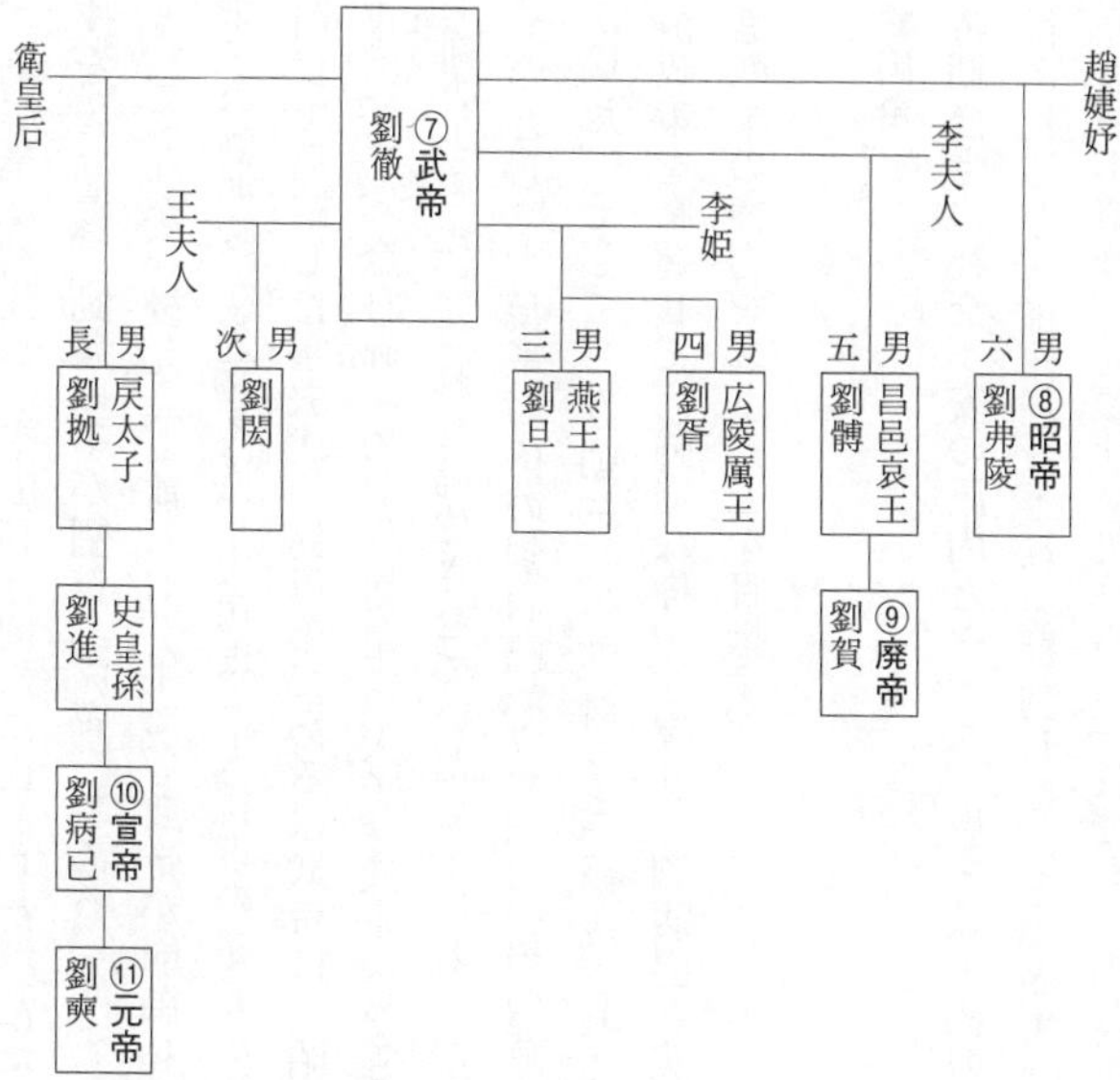

武帝の死後権力を掌握する霍光と対立する、桑弘羊の塩鉄専売を支持していた。

また、燕王の劉旦は、皇太子劉拠が敗死すると、最年長となったために帝位を窺い、武帝に長安で警護の任に就くことを求めた。しかし、劉旦の才能を認めない武帝は、この動きに激怒し、劉旦から三県を没収した。そして、末子の劉弗陵［昭帝］を皇太子とする。そうしたなかで、五男の劉髆に、戻太子を鎮圧した丞相の劉屈氂と伯父の李広利が接近する。二人は、劉髆を太子に立てる謀略を進めたが失敗、劉屈氂は刑死し、李広利は匈奴に亡命した。ただし、劉髆自身は、謀略と関わりがなく連座を免れた。劉髆の子が劉賀［廃帝］である。

こうしたなか、後元《こうげん》二（前八七）年に、武帝が崩御した。わずか八歳で即位した昭帝［武帝の末子の劉弗陵］を支えて、大司馬・大将軍の霍光が政権を掌握する。霍光は、武帝期に匈奴討伐で活躍した霍去病の異母弟である。武帝は、昭帝を輔政させるため霍光を大司馬・大将軍に任じ、金日磾《きんじってい》［匈奴の休屠王の太子。武帝から金姓を授けられた。この一年後に死去］・上官桀《じょうかんけつ》とともに、これを補佐させていたのである。ただし、そのときなお、帝位継承が可能なものとして、長子の孫の劉病已［宣帝］、三男の燕王劉旦、五男の劉髆の子の劉賀［廃帝］がいた。そして、外朝《がいちょう》［三公九卿《きゅうけい》などで構成される正規の朝廷］には、塩・鉄専売などの経済政策を掌握して、強力な権力を握り、劉病已と関係を持つ桑弘羊が存在する。霍光は、まず桑弘羊の権力を奪うことを目指す。

塩鉄論争

武帝期後半の社会不安の原因となった、塩・鉄・酒の専売や貨幣制度改革、均輸・平準法が施行されると、董仲舒はこれを批判した、と『漢書』はいう。ただし、『漢書』に記された董仲舒の事績は、信頼性に欠ける。それでも、福井重雅によれば、班固が董仲舒伝を増補するときに用いたという『董仲舒書《とうちゅうじょしょ》』にまとめられた董仲舒学派［董仲舒の弟子や孫弟子などの後学］の主張が、塩・鉄専売に反対であったことは窺い得る。塩・鉄専売への反対は、前漢における儒者の主張の基調であった。江戸時代に行われた士農工商の身分制度にも明らかなように、儒教は商業を末業として卑しみ、国家の商業への介入を民の利を奪うものとして批判するためである。そうした儒者の主張を承け、塩鉄論争が開始される。

昭帝の始元六（前八一）年、御史大夫の桑弘羊ら政策担当者と、前年に郡国から賢良《けんりょう》・文学として中央の官僚に採用された者たちとが、塩・鉄・酒の専売、均輸・平準法の是非をめぐって激しい論戦を繰り広げた。それが塩鉄論争である。

漢の経済政策を掌握する御史大夫の桑弘羊に、官僚登用制度で察挙されたばかりの賢良・文学たちが対等に議論をするのは、不自然である。西嶋定生は、賢良・文学の背後に居た内《ない》朝《ちょう》［皇帝の側近官］の権力者霍光と、外朝の権力者桑弘羊とが、政権の帰趨をかけて経済政策を争ったものと塩鉄論争を捉える。そのとおりであろう。やがて第十代の宣帝期の桓寛《かんかん》が、論争の記録である塩鉄議文をもとに『塩鉄論《えんてつろん》』を編纂し、塩鉄論争は記録された。日原利国《ひばらとしくに》によれば、『塩鉄論』における賢良・文学の主張は、基本的に儒教の春秋公羊学の立場に一致し、政策担当者の法家主義に対抗するものであるという。董仲舒の関与が『漢書』に記される理由である。賢良・文学側の主張は、『塩鉄論』の冒頭に集約されている。

（文学は答えて）「……いま郡国に塩鉄（の専売）・酒榷《しゅかく》［酒の専売］・均輸があり、民と利を争っております。……どうか塩鉄・酒榷・均輸を罷《や》められますように。（これらを廃止することが）本（農業）を進め末（商業）を退けることになり、広く農業を利することになりましょう」と言った。『塩鉄論』本議

賢良・文学たちは、農業を「本」、商業を「末」とする儒教の立場から、「塩鉄・酒榷［酒の専売］・均輸」という国家による経済統制は、「民と利を争う」ことであり、農業を衰退させるため、中止すべきである、と主張した。昭帝は、背後に霍光のいる賢良・文学の主張を容れて酒の専売を止めることとした。桑弘羊の経済政策は、儒教理念により否定されたのである。しかし、桑弘羊が失脚したあとも、霍光は、桑弘羊の政策のなかで最も効果の高かった塩・鉄の専売を廃止しなかった。賢良・文学の儒教に基づく主張は、霍光の桑弘羊との権力闘争に利用されただけで、いまだ国政に反映されることはなかったのである。

塩・鉄の専売は、儒者の主張が国政に反映し始めた第十一代の元帝《げんてい》期になって、ようやく廃止に向けて動き出す。元帝期においても、儒者が塩・鉄の専売に反対する論拠は、国家が「民と利を争う」べきではないことに置かれた（『漢書』食貨志《しょくかし》上）。後述するように、元帝

期は、「古典中国」の形成に向けて、中国の古典的国制が整備され始めた時期である。一時的とはいえ、元帝のときに塩・鉄の専売を廃止したことは、経済政策もまた、儒教の理想に近づき得たと評価できる。

しかし、財源不足を理由に、塩・鉄の専売は、まもなく復活された。専売の利益は大きく、その廃止は財政に直接悪影響を与えたためである。この結果、塩・鉄専売が中止された時期は、元帝の初元《しょげん》五（前四四）年から永光《えいこう》三（前四一）年という、わずか四年足らずとなった。こうして儒教の理想とする経済政策は、現実と擦り合わせるなかで、廃止に追い込まれたのである。

それでも、塩鉄専売により財政を立て直し、実務を掌握していた桑弘羊に対して、霍光が儒者を利用して行った塩鉄論争は、儒者が漢帝国の中で勢力を拡張していく大きな契機となった。漢帝国のかたちを整えていくものは、法家でも黄老思想でもなく、儒教なのであった。

第四章　漢家から天下へ

「儒教国家」への始動

1　災異から予占へ

董仲舒と災異説

話はさかのぼる。董仲舒を師とする司馬遷は、董仲舒の学説の中で、最も政治との関わりを持つ災異説について、次のように記録している。

今上［武帝］が即位すると、（董仲舒は）江都《こうと》の国相となった。「春秋災異の変」によって、陰陽《いんよう》が変調する理由を考えた。このことにより、（陰の属性を持つ）雨を求める際にはもろもろの陽を閉じ、もろもろの陰を解き放った。雨を止《や》ませる際にはこれを逆にした。これを江都国に行い、雨を自由に操れないことはなかった。……（董仲舒は）「災異の記」を著した。この時、遼東《りょうとう》の高廟《こうびょう》［劉邦の廟］に災があったためである。（政敵の）主父偃《しゅほえん》はこれを憎み、その書を盗み天子にささげた。天子は儒生を召しその書を示すと、政治が批判されていた。董仲舒の弟子である呂歩舒《りょほじょ》は、それが師の書であるとは知らず、下愚とした。こうして董仲舒は死刑に当てられたが、詔で恩赦された。ここに至って、董仲舒は二度と災異を言うことはなかった。『史記』董仲舒伝董仲舒は、儒教を国教化できなかったが、弟子の司馬遷によれば、雨を降らせたり、止ませたりすることはできた。それは、董仲舒が「春秋災異の変」によって、陰陽の変調する理由を考えたことによる。「春秋災異の変」とは、『春秋』の二百四十二年間の記録により、いかなる災異が起きたときに、どのような異変が起こったのかを陰陽説に基づいて考えることである。災異とは、自然界における洪水・旱魃《かんばつ》・日食・地震、彗星・隕石や霜・雹《ひょう》、蝗害《こうがい》や寒暑の変調などの異変現象である。これらが起きたとき、政治はほぼ乱れていた。『春秋』そのものが混乱期を描いているためである。『春秋』の記録に基づき、自然界と政治混乱との対応関係、たとえば皇后の一族［陰の属性］が政治を専らにしているため、地震［陰の属性］が起きた、というような対応の経験則をまとめあげたものが、陰陽思想に基づく災異説である。それにより、遼東の災異の意味を考えたのである。今の地震予知でも、かつて起きた地震の記録をきわめて重視する。経験則は意外と科学的で規則性を持つ。ただ、そこに、天人相関論がなければ、政治と地震が結びつくことはない。

君主が天の意志に反する行為をすれば、天はまず災異を下して譴責する。それでも改めなければ、天はその国を滅ぼすという災異説には、董仲舒の天人相関論が必要であった。その際、災異と天人相関とを結ぶものが、陰陽説である。自然だけではなく人間にも陰陽の気があり、人間界の陰陽が乱れると、自然界の陰陽に感応して、その正常な活動を妨げる。たとえば、陰の属性を持つ女性が政治に関わると長雨などの陰の災異が起こる。董仲舒は、長雨の際、そうした陰が強くなりすぎる要素を減らすことで、雨を止ませることができた。

災異説の有用性は、それだけに止まらない。起きた災異、たとえば国家の創始者を祀った廟〔高廟〕に災異があった場合、臣下が君主に対して国家の危機を指摘することができた。天人相関論は、災異を天譴《てんけん》〔天のいましめ〕と捉えることで、悪政を改め災異を消すように、皇帝に上奏できるのである。こうして儒教は、政治に対して物を言う手段を得た。ただし、董仲舒自らが、それによって一度は死刑とされているように、それは非常に危険な行為であった。董仲舒は、失脚後二度と災異を言わなかったという。だが、災異説に基づく上奏が皇帝に認められれば、大抜擢を受けるチャンスでもあった。

しかも、災異説は、易や五行思想と結びつくことで予占〔予言〕を行うことができる。二百四十二年間の災異とそれに対応する政治事象を記している『春秋』に、いま起こっている災異を当てはめて考えることで、災異が何を意味するかを解釈する際に、法則性を見出し得るのである。しかも、それは国家の滅亡や皇帝の交代といった国家規模の重要な問題を予占することになる。このため董仲舒の戒めにもかかわらず、その後学たちは災異説に基づく予占により、政治権力と密接に関わっていく。

霍光の専制に媚びる

始元六（前八一）年、塩鉄論争での敗北により打撃を受けた桑弘羊は、上官桀から誘いを受ける。武帝より、金日磾《きんじってい》とともに霍光の補佐を命じられていた上官桀は、そのときには霍光と対立していたのである。元鳳《げんぽう》元（前八〇）年、上官桀は桑弘羊とともに、昭帝の兄でありながら帝位に即《つ》けなかった燕王の劉旦《りゅうたん》を擁立することを企てる。だが、乱は露見して、燕王は自殺、上官桀・桑弘羊は誅殺された。

これにより専権を確立した霍光は、元鳳四（前七七）年に、昭帝が十八歳で元服しても、政権を返還しなかった。その一方で、霍氏一族を次々と登用する。霍光の子霍禹《かくう》は、霍去病の孫霍雲《かくうん》とともに中郎将《ちゅうろうしょう》となり、霍雲の弟霍山《かくざん》は奉車都尉《ほうしゃとい》・侍中となり、胡越兵《こえつ》［匈奴と南越の降伏兵］を統率した。このほかの一族も多く兵権を持ち、霍光の威勢は、朝廷を震わせた。

こうした政治状況に対して、儒教は権力への接近をはかる。『漢書』によれば、董仲舒の孫弟子にあたる眭弘《すいこう》［字は孟。眭孟《すいもう》とも呼ばれる］が、災異説に基づく上奏を行ったという。

眭弘の上奏文は、三つの災異、あるいは瑞祥とも言い得る「象《しょう》」［現象］を掲げている。

第一に、元鳳三（前七八）年、泰山の萊蕪山《らいぶさん》の南で高さ一丈《じょう》五尺［約三・四メートル］もある大石が三本足で立ち上がり、後ろに白い烏《う》が数千羽集まっていた、という。第二に、同じころ、昌邑《しょうゆう》では、枯れて倒れていた社《しゃ》の木が生き返った、という。第三に、上林苑《じょうりんえん》［長安の南方に広がる皇帝の大庭園］で、枯れていた大きな柳が自分で立ち上がり、その葉を虫が食べて「公孫病已立」という五文字を記した、というものであった。

この三つの象について、眭弘は、第一と第三を踏まえ、「匹夫《ひっぷ》［無位無官の者］から立ち天子となるものがいる」と予占し、第三から「公孫氏から復た興るものがある」と予占した。二つをまとめると、「公孫氏という匹夫から天子となるものがある」という予占になる。

眭弘は、この予占の意味が分からないとし、師の董仲舒の言葉として、「後継者の君主がいても、聖人の受命は妨げられない」と引用する。そのうえで、「漢の皇帝は堯の後裔《こうえい》であり、「国を伝える命運」があるため、「漢帝」は「賢人」を探して帝位を譲り、諸侯になるべきである、と上奏したというのである。

『漢書』のなかで董仲舒と関わりを持つ部分は、あまり信頼が置けない。ここにも「漢の皇帝が堯の後裔」であることの証明には、後述のように『春秋左氏伝』の経義が不可欠である、という重要な疑問がある。この一事からだけでも、眭弘の記事は、董仲舒の「天人三策」と同様、眭弘その人の上奏をそのまま記録したと考えることは難しい。それでも、事件の経過は概ね正しいと思われ、このなかから公羊学派の目論見も分かるので、話を続けよう。

眭弘の上奏に対して、大将軍の霍光は、大いに怒り、眭弘を廷尉［法務大臣］に下し、「大《たい》逆不道《ぎゃくふどう》」として処刑した。しかし、やがて宣帝が民間から即位すると、眭弘の子は、宣帝に徴召されて「郎官《ろうかん》」に任命された。これが『漢書』の伝える事件の顚末である。

まず三つの災異［瑞祥］から考えていこう。三つの中で最も明確なものは、第三の「公孫の病已立つ」という文言である。「公孫」とは国君《こくくん》、あるいは宗室の孫を指すので、ここでは戻太子の孫である劉病已の即位を意味する。劉病已は、予占どおり第十代の宣帝となる。劉病已を後見していた張賀の父張湯は、春秋公羊学者の公孫弘と親しい。災異から予占を説く公羊学派との関わりを見出すことは可能である。なお「大逆不道」として処刑された眭弘の子が、宣帝の即位後に徴召されて「郎官」となったのは、この予占を宣帝が自らの正統化のために用いたことによる。この記録が『漢書』に記された理由である。

第二の昌邑の社の木の自立も、「昌邑」という地名から、劉賀［廃帝］即位の予占であることが分かる。昌邑王家には、尚書家の夏侯始昌《かこうししょう》が仕えていた。夏侯始昌は『斉詩《せいし》』と『尚書』を修め、陰陽の術に明るく、柏梁台《はくりょうだい》に災異の起こる日を予言し、的中させている。そうした学問を背景に、劉賀あるいは父の劉髆など昌邑王家のために、「昌邑」から皇帝に即位する予占が作られていたことは不自然ではない。

最も分かりにくい第一の、泰山の石が自立し、白い烏が数千羽集まったことは、霍光即位のための予占であろう。それは、劉病已や昌邑王家の即位には必要のない、「革命」が先師の董仲舒に仮託され、正統化されているためである。その革命説は、漢の皇帝が賢人を探して帝位を譲るべしとするものであった。このように天人相関論に基づく災異説を展開していくと、必然的に革命へとたどり着く。

ただし、眭弘の上奏は性急に過ぎた。権力を固めたばかりの霍光には、あらぬ疑いを抱かせる、余計な予占であった。霍光が怒って、「大逆不道」として眭弘を処刑させた理由は、そこにある。霍光自身が革命を目指していたか否かは分からない。だが、眭弘の露骨過ぎる革命の正統化は、霍光から「大逆不道」として退けられたのである。

眭弘の本意は、劉病已や昌邑王家の即位ではなく、霍光の革命にこそあった。それゆえ、最も分かりやすい「公孫の病已 立つ」という予占の意味が不明であるとして、董仲舒に仮託しながら革命を正統化したのである。このように眭弘は、武帝の死後、圧倒的な専権を掌握した霍光に接近することで、公羊学派を中心とする儒教を国家宗教へと押し上げようとしたのであった。

『漢書』の記録においては、のちに劉歆《りゅうきん》が『春秋左氏伝』により論証する「漢堯後説《かんぎょうこうせつ》」までが眭弘の上奏のなかに含められている。これは、やがて左氏学派に押されながらも、後漢の官学となった公羊学派が、「顔氏《がんし》公羊春秋」「厳氏《げんし》公羊春秋」の祖とされる眭弘に、「漢堯後説」を仮託するためであったのだろう。いずれにせよ公羊学派は、武帝の死後、専権を掌握した霍光に擦り寄り、その保護を受けようとして、失敗した。ここに穀梁伝が台頭する余地が生まれる。

宣帝の親政

自ら即位しないことを眭弘の誅殺で示した霍光は、元平元（前七四）年に昭帝が崩御すると、昭帝の兄である劉髆の子劉賀〔廃帝〕を皇帝に擁立した。眭弘の予占で昌邑の社の木が自立したという「象」の実現である。武帝の四男の劉胥〔燕王劉旦の弟〕が、武帝の子のなかで唯一存命しているため、群臣は劉胥を推した。だが、霍光は、人柄に問題があり、武帝も寵愛しなかった劉胥を擁立しなかった。ところが、霍光はわずか二十七日で、劉賀を廃位する。

霍光は、劉賀の無道ぶりを皇太后の詔として読み上げて廃位し、劉賀が率いてきた昌邑王の時からの臣下二百余人を尽く誅殺した。かれらは、刑場に牽《ひ》かれていく途上、「やるべきことをやらず、かえってやられてしまった」と叫んだという。西嶋定生は、こうした史料より、劉賀側の霍光暗殺計画に対して、緊急に霍光が廃位を断行したと推測する。霍光に後継者の用意がなかったのはそれを裏付ける。やがて霍光は、戻太子の孫にあたる劉病已〔宣帝」を擁立する。眭弘の予占で柳の葉に「公孫の病已 立つ」とあった「象」の実現である。

こうして即位した宣帝は、政権を返上しようとする霍光に、すべての政治を委任する。「諸事 皆 先づ光に関《あづか》り白《まう》し、然る後に天子に奏御す」(『漢書』霍光伝)という言葉が、関白《かんぱく》という言葉の語源となり、日本では霍光の封建された博陸侯《はくりくこう》の「博陸」が関白の異名となったように、すべての政治は霍光により定められた。

そうしたなか、宣帝は自らの正統性を瑞祥に求める。「大逆不道」で刑死した眭弘の子が「郎官」に徴召されたのは、このためであった。また、宣帝が即位した翌本始《ほんし》元(前七三)年に鳳凰《ほうおう》が現れたことを始まりとし、ほぼ毎年のように瑞祥が現れ、「神爵《しんしゃく》」「五鳳《ごほう》」「甘《かん》露《ろ》」「黄龍《こうりゅう》」など、そのたびに元号にも瑞祥が用いられた。したがって、地節《ちせつ》二(前六八)年に、霍光が死ぬと、霍氏の勢力打倒にも、災異説が用いられる。

地節三(前六七)年、蕭望之《しょうぼうし》は、宣帝即位以来の「陰陽の不和」の理由は、霍光の死後にも、権力を握り続ける霍氏一族のためである、と上奏する。これを承けて、翌地節四(前六六)年、宣帝は霍氏一族を打倒し、自ら親政を開始した。宣帝は、瑞祥により自らの正統性を宣揚し、災異説を利用して自らの権威を確立した。儒教の重みは増すばかりである。

2　公羊伝と穀梁伝

母は子を以て貴し

儒教経典として最初に権力に接近したものは、『春秋公羊伝』であった。景帝期に出現した『春秋公羊伝』は、景帝に取り入るため、父の文帝を正統化する伝文を持っていた。文帝は、すでに述べたように、劉邦の妻呂后の一族を打倒した陳平の策により、母の卑しい代王家から、呂氏打倒に功績のあった斉王家を飛び越えて即位した。文帝の外戚の方が、権力を振るう可能性は少なかったためである。

こうしたなか『春秋公羊伝』は、文帝のために「子は母を以て貴《たふと》く、母は子を以て貴し」という「春秋の義」を用意した。春秋の義とは、『春秋』を筆削した孔子が示したとされる正しさの基準、行動規範である。『春秋公羊伝』隠公元年は、隠公が桓公《かんこう》に国を譲ろうとした原因に母の地位が尊かったことを挙げ、「子は母を以て貴し」という義［義例］を立てる。正妻の子がいれば、その子が立つが、いなければ妾の子のうち母の妾としての地位が貴いものが立つ、という行動規範である。その結果、即位した子は、当然もともと母の地位が貴いのであるから、続けて掲げられる「母は子を以て貴し」という義例は、論理的には必要ない。

生母は子が即位することで尊重される、という義例は、魯の隠公・桓公には不要なのである。しかし、母の卑しい文帝が即位している漢の現実を正統化するためには、必要不可欠な義例であった。文帝が皇帝であることにより、文帝の母が卑しいことは解消されるからである。こうして公羊学派は「母は子を以て貴し」という義例により、文帝の即位を正統化した。

そうした公羊学派の努力は、文帝の孫の武帝期に実を結ぶ。武帝は、太初四（前一〇一）年、匈奴との戦いを再開する際に、第三章に掲げたように、『春秋公羊伝』に基づき詔を出している。

公羊学派は、匈奴の侵攻には、激しい攘夷思想と復讐の是認を唱え、文帝の即位には、「母は子を以て貴し」という義例を用意した。その結果、武帝が『春秋公羊伝』を典拠に国政の正統性を詔に述べるまでに至ったのである。よく権力に擦り寄ったと言えよう。班固が『漢書』で武帝期に「儒教の国教化」を設けようとしたことは、決して的外れなことではない。だが実際には、班固が宣揚した董仲舒は、天人相関論に基づく災異説で、武帝の側近の批判を試みて失脚し、自らの思想を国政に反映できなかった。それでも、武帝が公孫弘などの儒者を重用したことは、公羊学派の現実への適応が評価されたことを物語る。しかし、宣帝期の国政は、公羊伝による正統化を許さなかった。

長幼の序

「母は子を以て貴し」という公羊伝の義例は、このののち、生母が妾である皇帝により、生母を追尊する際の正統化に多く用いられていく。だが、母が妾ではない宣帝の即位は、公羊伝では正統化できなかった。宣帝は、民間から迎えられた出自を正統化される必要があった。

宣帝が即位する前、亡くなったはずの祖父の戻太子［衛太子］が出現する事件が起こった。始元五（前八二）年のある日、黄牛のひく車に乗り、黄色の衣服を着て、黄色の帽子をかぶった男子が宮殿の北門に現れ、自分は衛太子である、と名乗ったのである。驚愕して駆けつけた高官たちが、誰一人発言しない中、遅れてやって来た京兆尹《けいちょういん》［首都圏長官］の雋不疑《しゅんふぎ》は、即座に部下を叱咤して、その男を捕らえた。あるものが、真偽は不明であるから、もう少し待ったらどうか、と止めたところ、雋不疑は、『春秋』を典拠に次のように答えた。

諸君はどうして衛太子であることを心配するのだろうか。むかし（春秋時代の）蒯聵《かいかい》は父の命に背いて出奔し、（後に帰国したものの、その子の）蒯輒《かいちょう》は（祖父の命に背いた父を）許さず国に入れなかった。『春秋』の義は、これを是としている。衛太子は罪を先帝（武帝）に得て、逃れて死につかなかった。今ごろ自分から宮城に現れても、これは罪人である。

『漢書』雋不疑伝

雋不疑が「衛太子」を捕らえた正統性は、『春秋公羊伝』哀公三年の蒯聵と蒯輒の事例に示された「春秋の義」にある。公羊伝によれば、本当の衛太子であっても、すでに武帝より罪を得ているので許す必要はない。衛太子の生存を恐れる弟の昭帝は、この処置を高く評価し、大臣は儒教を修めたものを用いるべきである、と称賛した。しかし、衛太子の孫の宣帝から見れば、公羊伝は祖父を問答無用で罪人とした好ましくない経典となる。霍氏一族を誅殺して、親政を開始した宣帝は、自らを正統化する儒説を望んだ。ここに、穀梁伝の出現が必然となる。

『春秋穀梁伝』は、宣帝の詔で開催された石渠閣会議《せっきょかくかいぎ》から、遠く離れない時期に出現した、公羊伝に代わろうとする意図を持ち制作された『春秋』の伝である。春秋の義を解釈する方法は、公羊伝を継承しながらも、穀梁伝は公羊伝とは異なる義を立てた。穀梁伝の義は、第一に譲国を認めない「長幼《ちょうよう》の序」による継嗣、第二に「華夷混一《かいこんいつ》」「中華と夷狄が一体となる」の理想社会の実現、第三に「重民《じゅうみん》思想」「民を保護し、恩恵を加える」と「法刑《ほうけい》重視」「法律と刑罰を厳格化する」の並用、という三点の特徴を持つ。これらは、何よりも民間から即位した宣帝とその国政の正統化を目指したものであった。

第一に、穀梁伝は、隠公元年という『春秋』の冒頭で、継嗣の問題を論ずる。隠公が、父恵公《けいこう》の愛した弟の桓公へ国を譲ろうとしながら、その年少であることを考慮して即位したことについては、譲国を賛美する公羊伝のほか、このちに出現する左氏伝も、隠公を「賢君」と評価する。これに対して、穀梁伝は、「先君〔恵公〕が桓公に（君主の地位を）与えようと考えたことは正ではなく、邪である」と述べて、「長子相続」を廃そうとした恵公の行為を否定する。さらに、隠公が譲国を実行しようとしたことを「先君（恵公）の邪《よこし》まな志を探り、その結果（君主の地位を）桓公に与えようとしたのは、父の悪を成したことになる」と厳しく糾弾するのである。すなわち、穀梁伝は、長子が相続することは、恵公の意志に従うという親への「孝」よりも重要である、と『春秋』の義を立てているのである。

穀梁伝は、譲国を認めず、「長幼の序」による継嗣を主張することで、武帝の長子戻太子〔衛太子〕の嫡長孫である宣帝の即位を正統化したのである。公羊伝と同じ経文を解釈しながら、全く異なった帝位の継承を正統化する。儒教が、二千年の正統思想であり続けられた柔軟性をここに見ることができよう。

華夷混一

第二に、穀梁伝は、前漢の建国以来、最大の懸案であった匈奴問題の解決を正統化する。宣帝親政期の甘露三（前五一）年、長年にわたる漢の攻撃と自らの分裂により勢力を弱体化させた匈奴の呼韓邪《こかんや》単于は、漢に来朝し、正月の朝賀に参列した。ここに前漢は、ようやく匈奴の侵攻に打ち勝ち、これを屈伏させる。

これに先立って、宣帝は、呼韓邪単于が降伏した場合の対応を議論させていた。丞相の黄《こう》覇《は》と御史大夫の于定国《うていこく》は、匈奴の単于を諸侯王の下に置くべきであるとした。その論拠は『春秋公羊伝』成公十五年に示された春秋の義に置かれていた。それは公羊学派の夷狄への厳しい攘夷思想を反映し、異民族を蔑視するものであった。だが、これでは、来朝した単于が、年端もいかぬ王子より下の待遇に怒り、再び背く可能性もあった。そのため宣帝を支える蕭望之は、次のように単于の尊重を主張する。

> （匈奴の）単于は、正朔［暦法のこと。中国文化を象徴する］の及んでいないものであり、そのため敵国《てきこく》［匹敵する国］と称します。どうかこれを不臣《ふしん》の礼［臣下としない礼］により待遇し、地位は諸侯王の上とすべきです。外の夷狄が頭をさげ藩臣《はんしん》と称して来ても、中国が謙譲して（夷狄を）臣下としないことは、（夷狄を）羈縻《きび》する［つなぎとめて離さない］ための誼《よしみ》であり、謙譲の徳が輝く幸いであります。　『漢書』蕭望之伝

宣帝は、蕭望之の議論を採用し、夷狄である匈奴の呼韓邪単于の地位を諸侯王の上とし、

皇帝に拝謁する際に臣と称するが名をいわない「称臣不名《しょうしんふめい》」の待遇を与えた。こうして漢は、匈奴を臣下とする君臣関係を結ぶことができた。公羊伝のような強烈な攘夷思想では、このような君臣関係を維持することは不可能であった。夷狄を攘《うちはら》うだけではなく、匈奴の降伏に対応できるような儒教の経義が望まれる。穀梁伝は、こうした政治情勢を正統化できる「華夷混一」の理想社会の実現を説いた。たとえば、『春秋穀梁伝』哀公十三年は、夷狄であった呉が進んで「子《し》」という爵を称するに至ったことを孔子の言葉により高く評価する。その際、孔子は、呉王の夫差《ふさ》が、爵に至るほど中国文化を受容した象徴として「冠《かんむり》」という文化を求めたことを高く評価している。夷狄と中華は文化をともにすることにより、一つになれるとするのである〔華夷混一〕。

甘露三（前五一）年五月、宣帝は蕭望之をまとめ役に石渠閣会議を主宰する。名目的には五経の解釈の異同を正すための会議であった。だが、本当の目的は、四ヵ月前に定めた匈奴対策の拠り所となる、「華夷混一」の理想を説く『春秋穀梁伝』を公認することにあった。会議では、穀梁伝に従う解釈が多く正しいと判断され、宣帝の意向は実現する。

こうして宣帝は、第一に自らの即位を「長子相続」の最優先により、第二に降伏した匈奴への優遇を「華夷混一」の理想により正統化する穀梁伝を儒教の中核に据えたのである。

だが、それは宣帝の政治が儒教のみを拠り所として運用されたことを意味しない。宣帝は、国政の根本は「良二千石《りょうにせんせき》」〔善良な郡太守と国相のこと。地方行政の要となる郡太守と国相の俸給は二千石〕にあるとして、循吏《じゅんり》〔儒教を学び教化を進める官僚〕を積極的に登用して、内政を重視していた。ところが、太子であった劉奭《りゅうき》(後の元帝)が、儒者だけを用いることを提案すると、宣帝は色をなして、次のように諭した。

漢家には古来からの制度がある。漢は覇者の道〔法〕と王者の道〔儒〕を雑《ま》じえて支配を行ってきた。どうして専ら儒教だけに依存して、周の政治を用いられようか。

『漢書』元帝紀

宣帝は、儒者だけを重用してはいけない、と元帝に諭し、武帝期に多く登用された、法刑を重視して君主権力の伸張を目指した法家的な酷吏をも活躍させた。儒教は、いまだ国家の政治理念として絶対的な地位を得てはいなかったのである。穀梁伝は、こうした宣帝の内政のあり方に対応して、第三に重民思想と法刑の並用を主張していた。その結果「法律を詩書とする」と称された宣帝の「王覇雑揉《おうはざつじゅう》」〔儒家と法家の並用〕の政治を正統化し得た。ここに儒教は、権力に大きく食い込むことができた。

3　二つの称号

郡国廟の廃止

父の宣帝の心配どおり、黄龍元（前四九）年に即位した元帝は儒教に夢中になった。官僚は儒教の経義に基づいて政策を論議し、永光四《えいこう》（前四〇）年に儒教の経義に合致しない郡国《ぐんこく》廟《びょう》が廃止される。ここから、前漢は大きく儒教に舵を切っていく。元帝期から王莽による前漢の簒奪まで、本書が内外の政治事件よりも儒教に関する記述を多くするのは、そのためである。武帝期のように大きく外形が変わるダイナミックさはないが、漢帝国が「儒教国家」となり、のちに「古典中国」と仰がれていく内実は、この時期に定まる。少し退屈で面倒な記述におつきあいいただきたい。

郡国廟は、劉邦が父のため各郡国に太上皇廟《たいじょうこうびょう》を建てたことに始まる。皇帝の父を臣下に祭祀させることは、『論語』為政《いせい》篇に、「自分の先祖の霊でもないのに祭るのは諂《へつら》うことである」とあるように、儒教としては違礼となる。だが、儒教は国教ではなかったので、恵帝のときに劉邦を祀る太祖廟《たいそびょう》が、景帝のときに文帝を祀る太宗廟《たいそうびょう》が、宣帝のときに武帝を祀る世宗廟《せそうびょう》が設置される。元帝のときには、六八の郡国に一六七の郡国廟が存在していた。

これに加えて、首都の長安と近郊には、高祖から宣帝にいたる宗廟が九ヵ所、墓陵《ぼりょう》にはそれぞれ寝殿《しんでん》［正殿］と便殿《べんでん》［別殿］が存在した。もちろん、それぞれで祭祀をしており、前漢は祖先祭祀に莫大な経費を使っていた。財政も破綻するはずである。しかし、郡国廟が問題とされたのは、財政面からではない。

「春秋の義」によれば（と『漢書』の韋玄成《いげんせい》伝は述べるが、現在は『礼記』の文章）、父の祭祀は庶出《しょしゅつ》［妾腹］の子が、君の祭祀は臣下が行うべきでなく、いずれも嫡出《ちゃくしゅつ》の子孫が祀るべきとされていた。ここには、『論語』の言葉が具体化されている。それに基づき、郡太守や国相が皇帝の祖先を祀るという郡国廟の存在自体が、儒教の礼制に合致していないことが問題とされたのである。丞相の韋玄成など儒教官僚は、郡国廟の廃止を強く主張し、元帝はそれに従った。ここに、儒教は漢の伝統を変革するまでの力を持つに至った。

郡国廟の廃止は、「儒教国家」建設への狼煙《のろし》となった。郡国廟を議論する中から、同じく皇帝・天子を祀る宗廟・郊祀の改革が、主張されるに至るからである。ただし、宗廟と郊祀に関する儒教経義を理解するためには、漢帝国以降の中国の君主が持つ、「皇帝」と「天子」という二つの称号の違いが分からなければならない。

皇帝と天子

董仲舒の天人相関説により、天と天子との関係が明確にされるにつれ、皇帝と天子という君主に対する二つの称号の使い分けが、意識されるようになっていった。

始皇帝が制作した「皇帝」号は、本来は国家の創始者が武力により中国を統一した、すなわち権力により国内の臣下・万民を従わせた、という性質を持つ称号である。したがって、皇帝号は、国内の君臣関係を表現する際に用いられた。そして、皇帝の権力は、血縁により代々子孫に継承されていく。したがって、祖先を祀る宗廟では、君主は「皇帝」と自称して祭祀を行う。そこに天命は介在しない。このため「天子」とは自称しないのである。中国国内を支配する最高権力者の称号が、皇帝なのであった。

これに対して、天との関係において、人々の支配者となるための称号が「天子」である。国家の創始者個人〔漢では劉邦〕に降った天命の続く限り、天子の位は同一国家内において子へと継承される。それを確認するため、「天子」という称号を持つ支配者は、天を祀った。南郊《なんこう》〔首都の南の郊外〕において天を祀る郊祀では、「皇帝」ではなく「天子」と自称して、自らが天命を受けた天の子であることを明確にする。

こうして宗廟の祖先祭祀には皇帝、郊祀の天帝祭祀には天子、すなわち、人に対しては皇帝、天に対しては天子という称号の使い分けが明確となった。それとともに、臣下が臣従する皇帝が天子として天帝（と地祇、地への祭祀は北郊《ほっこう》〔首都の北の郊外〕で行う）に臣従することで、君臣関係の積み重ねとして構築される古代帝国の秩序構造は完結し、すべての君臣関係が天によって正統化される。後継者となった皇帝は、天子への即位を臣下として天に報告することで、天の承認を受けた天子となる。こうして儒教を起源とする「天子」号は、「皇帝」号よりも上位の概念となった。

また、天は異民族にも共通するものであるため、天子という称号を使えば、匈奴の単于［天に支配を認められた君主］とも敵国［匹敵する国、対等な国］として外交関係を結ぶことができる。国内は皇帝、国外は天子という明確な使い分けが、ここに見られる。

ただし、天子という称号は、「天命が続く限り」という条件のもとで使用される。この称号には革命が内包されるのである。天命が尽きれば、国家は継続できない。王莽の簒奪に至るまでの時期で暦数《れきすう》［天命の定められた年数］が強調されるのはこのためである。

宗廟と郊祀

儒教の経義、具体的には『礼記』王制篇によれば、祖先を祭る宗廟《そうびょう》は、身分による差等があり、天子は七廟《しちびょう》、諸侯は五廟、大夫は三廟、士は一廟で、庶は廟を持たない、と定められていた。これまで前漢では、皇帝ごとに陵墓のかたわらに寝殿と便殿が建てられていた。これは儒教の経義に反する。儒教では、それらを一堂に祭る宗廟を建て、「親《しん》」［血縁の近さ。

三親等など日本語にも残る」の遠近によって、木主《ぼくしゅ》［仏教に取り入れられ位牌《いはい》と呼ばれる」の順を守りながら入れ替える。遠い祖先は、「親」が尽きるので宗廟には祭らないが、七代より遠くとも建国者である劉邦のような重要な祖先は祭る。これを不毀廟《ふきびょう》［いつまでも祭り続ける廟」と呼ぶ。

　元帝期には、武帝廟を世宗［不毀廟には祖・宗などの廟号《びょうごう》をつける］として不毀廟とするか否かが問題となっていた。さらに難しいのは、傍系から入って帝位を嗣いだ皇帝の父祖を皇帝の親廟として祭るべきか否か、という問題である。たとえば、宣帝の父である史皇孫は、皇帝には即位していない。しかし、元帝から見れば、直系の祖父にあたる。孫としては、宗廟で祭りたい。丞相の韋玄成は、太祖廟［劉邦］は残し、太上皇［劉邦の父］・恵帝・文帝・景帝の廟は親が尽きたので毀《こぼ》ち、皇考廟《こうこうびょう》［史皇孫の廟］は親が尽きていないので残すことを主張した。これに対して、尹更始《いんこうし》は、皇帝として即位していない史皇孫の皇考廟を毀つべしと反論する。儒教の経義としては後者が正しい。だが、元帝は詔を下して、韋玄成の皇考廟存続説を取った。

　それでも、問題は長らく解決しなかった。この決定の後、災異が続いたため、元帝は祖先の怒りを恐れ、毀つことになっていた太上皇廟・恵帝廟を復したのである。結論を先に示しておこう。続く成帝《せいてい》が即位すると、孔子の子孫である孔光《こうこう》が、太祖廟・太宗廟［文帝］のみを不毀廟とし、武帝廟は毀つべきであるとした。これに対して、宗室の劉歆は、武帝の廟を世宗廟として不毀廟とすべきこと、および不毀廟の数に制限はなく、天子が設けてよい七つの廟の数の中には含まれないことを主張した。その論拠として掲げたものが、『春秋左氏伝』の荘公伝十八年・襄公伝二十六年であった。次の哀帝《あいてい》はこれに従い、武帝の廟を不毀廟とし、最終的には王莽が皇考廟を毀つことを定め、天子七廟制は決着する。

話を元帝期に戻そう。元帝に仕えた翼奉《よくほう》は、『詩経』に基づく災異説を展開するなかで、郊祀と宗廟が「古制」［儒教が理想とする古《いにしえ》の制度］と違うことを災異の理由として、次のように上奏する。

陛下は都を成周《せいしゅう》［洛陽］に遷すべきです。……漢家の郊祀と宗廟における祭祀の礼は、多くが古《いにしえ》に応じておりません。臣《わたくし》（翼）奉は、今までの状態で制度を変えることは難しいと思います。どうか陛下には、都を遷し、根本から正すことをお願いいたします。……天道は終われば復た始まり、窮《きわ》まれば本に反《かえ》るものです。そうすれば（漢の寿命を）延長して窮まりないものとできます。いま漢の道はまだ終わってはおりません。陛下が根本から漢を新しく始められれば、御世を永くし祚《さいわい》を延ばすことができるでしょう。

『漢書』翼奉伝

翼奉は、元帝期に打ち続いた災異を解消するためには、漢帝国のあり方そのものを儒教の経義と合致させせなければならないと考えた。そのため、首都を長安から「成周」すなわち洛陽に遷すべきことを主張したのである。これは、後漢を建国した光武帝劉秀《りゅうしゅう》により、建武《けんぶ》元（二五）年に実現する。さらに翼奉は、漢家の郊祀と宗廟における祭祀の礼を古に応じるようにと主張する。これは、匡衡《きょうこう》による成帝の建始元（前三二）年の南北郊祀［天子が都の南で天、北で地を祀る］の提案、および貢禹《こうう》による元帝の永光四（前四〇）年の七廟合祀［皇帝が祖先の七つの廟をあわせ祀る］の提案へと継承され、王莽により平帝の元始五（五）年に、天子が天地を祀る郊祀と、皇帝が宗廟を祀る七廟合祀として確立する。

このような前漢元帝の初元元（前四八）年、翼奉の上奏より始まる儒教経義に基づく中国の古典的国制への提言は、主として王莽期に定まり、後漢章帝の建初《けんしょ》四（七九）年、白虎観会議で儒教経義により正統化される。そうして「古典中国」は形成される。このような「古典中国」への動きも、災異説に基づき行われたことは、災異説が儒教の中心となりつつあったことを物語る。そうした災異説の解釈のために、そして翼奉の上奏でも言われていた、災異説から生まれた革命思想を語るために、緯書《いしょ》が作られていく。

4　革命の気運

緯書と社会不安

経書の「経」は縦糸、すなわち人として生きる筋道という意味である。これに対して「緯」は横糸を指す。すなわち緯書は、縦糸と横糸をあわせて初めて布になるように、経書を補うために孔子が著し、儒教の全体を明らかにしようとした書物という意味である。もちろん、緯書は、実在の孔子とは無関係に、権力に接近するために、主として成帝期から哀帝期ごろの公羊学派が創作した偽書と考えられている。

緯書のなかには、経書を解説するだけのものもある。自らの経書の解釈を権威づけるため、それを緯書に仕立てたのである。だが、緯書の多くは讖《しん》［未来記］、すなわち予占的な要素を含み、孔子は漢の成立を祝福していた、というような過去から未来への予言を記したものも多かった。そうした緯書により表現される考え方を讖緯《しんい》思想と呼ぶ。讖緯思想により、孔子は未来をも見通す神と位置づけられ、儒教は宗教的な側面を強くしていく。さらに緯書には、漢の暦数は尽きたので、天命を再び受ける必要があると漢の再受命《さいじゅめい》を説くものも多い。

緯書が作られた背景には、漢の社会不安があった。病気がちの元帝のもと、宦官の石顕《せきけん》が次第に権力を掌握していったのである。去勢された男子である宦官が、漢で権力を握ることの始まりである。さらに、王政君《おうせいくん》が皇后になると、徐々に外戚として王氏の力が強まっていく。

竟寧《きょうねい》元（前三三）年、元帝が崩御すると、皇太子の劉驁《りゅうごう》が即位した。成帝である。成帝は酒色を好み、政治は皇太后となった王政君［元《げん》皇太后］の兄弟で、大司馬・大将軍・領《ろく》尚書事《しょうしょじ》となった王鳳《おうほう》と「五侯」［王譚《たん》・王商《しょう》・王立《りつ》・王根《こん》・王逢時《ほうじ》］と呼ばれるほど繁栄をきわめた、王氏一族が掌握する。成帝は、趙飛燕《ちょうひえん》姉妹を寵愛し、姉妹は寵愛が他に移ることを防ぐため、成帝が他の后妃との間に儲けた皇子を殺害した。その結果、成帝は後嗣に恵まれなかった。宗室の劉向《りゅうきょう》は、『列女伝《れつじょでん》』を著し、儒教道徳に基づきながら女性の政治関与を批判したが、漢の統治は次第に衰退していく。ちなみに、『列女伝』はこののち、中国の女性の規範として長らく古典の地位を占め、その影響は朝鮮や日本にも及んだ。

こうしたなか、儒教の影響力は拡大を続ける。たとえば、やがて丞相となる孔光は、儒教経義との関わりの中で次のように政策を考えていた。

> 孔光は尚書になると故事を学び、数年で漢の制度と法律に明らかとなった。成帝はたいへん孔光を信任し、尚書僕射《しょうしょぼくや》［尚書台の次官］、さらに尚書令《しょうしょれい》［尚書台の長官］とした。

……（孔光は、尚書を管轄して）天下の枢機《すうき》を掌《つかさど》ること十余年、法律を守り故事を修めた。（孔光は）成帝の諮問があると、経と法によって自分の納得する応《こた》えを行い、迎合することはなかった。

『漢書』孔光伝（傍点筆者）

孔子の十四世孫に当たる孔光は、尚書となって漢の「制度」（故事）と「法律」に明らかとなり、「法律」を守り「故事」を修めることで、十年以上にわたり尚書台で国政の機密を担った。ここまでは、すでに掲げた約五十年前となる宣帝期の弘恭の事例と同じである。それに加えて、孔光は、成帝の諮問に対して、儒教経典と法律を論拠に、納得のいく回答をしたという。前漢における国政運用の規範は、故事と法律であったが、成帝期になると、政策の典拠として経義が重視されていくのである。

こうした儒教の尊重と、緯書の偽作による儒教の宗教性の高まりを背景として、王鳳の一派である谷永《こくえい》は、次のように上奏している。

臣《わたし》が聞くところでは、天は多くの民を生みましたが、（かれらは）互いに統治することができず、このため天は王者を立てて、統治させたと申します。あまねく海内《かいだい》［天下］を治めるのは天子のためではなく、領土を割《さ》き封建するのは諸侯のためではなく、みな民のためなのです。（天が人統・地統・天統の）三統《さんとう》をもうけ、（夏正・殷正・周正の）三《さん》正《せい》をつらね（王朝の交代を求めるのは）、無道（な天子）を除き、有徳（な天子）に（次の国家を）開かせるのは、……天下はすなわち天下の天下であり、一人の天下ではないことを明らかにするためであります。

『漢書』谷永伝

易と天文学を修め、災異が起こるたびに成帝に上奏を繰り返していた谷永は、「天下」を「一人の天下」ではないという。天下は、天が生み出した民のためのものであり、天子とは、自治能力のない民に代わって天が有徳の人物に統治を委託した地位である。したがって、無道な天子は、天により除かれ、夏《か》・殷・周［これを三代《さんだい》と総称する］と王朝は交代した。天下は、天下のものであり、皇帝一人のものではない、というのである。

こうした主張は、『礼記』礼運篇に、「天下を公《こう》と為《な》す」「大同《だいどう》の世」［儒教的理想社会］と位置づけられている。『礼記』では具体的には、自らの子が不肖であるため、最も有徳な臣下に帝の地位を禅譲した堯・舜の御世《みよ》を指している。

それではなぜ、霍光に対する眭弘のそれと同じように、漢家に対して禅譲を求めるかのような上奏が、今回は許されたのであろうか。谷永は、上奏文のなかで、漢家が三つの難を抱えているとする。具体的には、第一に「陽数《ようすう》の末」［陽数（奇数）の末端である九世に成帝が当たる」、第二に「二一〇年の厄《やく》」［劉邦が漢王になった前二〇六年以来、王莽が全権を掌握した平帝の元始四（四）年で二一〇年となる］、第三に「百六の災厄《さいやく》」［一〇六年ごとの厄運。陽九《ようきゅう》の厄、百六の会ともいう］という三つの難のため、漢は危機に瀕しているというのである。誤解を恐れずに簡単に言えば、『周易』に基づく儒教的末法思想である。これが、谷永の主張の背景にある危機感であった。もちろん、成帝への上奏文であるから、「三つの災厄は除かれる」と谷永は結ぶ。だが、谷永は王氏に近い人物であるため、この上奏は革命を説いている、と周囲からはみなされた。

谷永の説くような、一種の終末思想が、漢家の再受命を求める主張の背景となっていたのである。打ち続く災異が、何らかの変化を求めていたのである。こうしたなか、成帝を嗣いだ哀帝は、外戚の王氏を排除して、限田策《げんでんさく》などにより皇帝権力の強化に努めていく。

豪族と限田策

革命の気運の高まりの背景には、漢の国家支配の危機があった。漢は、始皇帝の理想を承けて、皇帝の支配が一人ひとりに直接及ぶ個別人身的支配を目指した。個別人身的支配は、国家の支配意思であり、現実には実現し難いものである。だが、武帝期のはじめには、それまで最も個別人身的支配が貫徹し、それに基づき武帝は匈奴と戦うことができた。しかし、外征に要した莫大な軍事費のため財政は破綻し、桑弘羊による塩の専売は、貧富の差を拡大させた。また、武帝の商業抑圧策は、商人の土地への投機を促し、豪族と呼ばれる大土地所有者が増加していく。革命の気運が高まる背景にある社会不安は、豪族の勢力伸張による貧富の差の拡大がもたらしていたのである。

それを打開しようとした哀帝の限田策は、周の井田制《せいでんせい》を規範として、大土地所有を制限するものであった。限田策の理解のためには、すでに説明した、漢の個別人身的支配を象徴する二十等爵制（図表2−2）と、土地所有との関係を知らなければならない。

一九八三〜八四年に湖北省江陵県の西北にある張家山漢墓《かんぼ》群から発見された「二年律令」は、呂后二（前一八六）年の法律関係文書で、すべてで五二六の竹簡からなる。そのなかの戸律《こりつ》には、爵位と土地所有について次のように記されている。

⑲関内侯《かんだいこう》は九十五頃《けい》、⑱大庶長《だいしょちょう》は九十頃、⑰駟車《ししゃ》庶長は八十八頃、⑯大上造《だいじょうぞう》は八十六頃、⑮少上造は八十四頃、⑭右更《ゆうこう》は八十二頃、⑬中更は八十頃、⑫左更は七十八頃、⑪右庶長は七十六頃、⑩左庶長は七十四頃、⑨五大夫《ごたいふ》は二十五頃である。⑧公乗《こうじょう》は二十頃、⑦公大夫は九頃、⑥官大夫は七頃、⑤大夫は五頃、④不更《ふこう》は四頃、③簪裹《しんじょう》（簪裊）は三頃、②上造《じょうぞう》は二頃、①公士は一頃・半頃である。公卒・士五・庶人はそれぞれ一頃、

司寇《しこう》・隠官はそれぞれ五十畝である。不幸にして亡くなったものは、その後嗣に先に田を選ばせ、そののち残りを支給する。その他の男子で、（自分の）戸を形成しようとするものは、□［欠字］田を作ってこれを与える。すでに戸をなしているのに田宅のないもの、田宅の広さが（規定を）満たしていないものは、満たすことを許す。宅地が隣接していなければ、許してはならない。

（『張家山漢墓竹簡〔二四七号墓〕』三一〇～三一三簡、丸数字は渡邉が附した）

二十等にあたる⑳徹侯《てっこう》［列侯］は、規定に含まれない。⑲関内侯から⑨五大夫までが、国家の官僚として、六百石以上になったものに与えられる「官爵」である。一方、⑧公乗から①公士は、帝室に慶事があった際などの賜爵により、漢のすべての民に与えられた「民爵」である。「公卒・士五［士伍］・庶人」は、無爵の庶民の呼び方で、「司寇・隠官」は刑罰を受けたものの呼び方である。かれらですら、①公士の一頃［百畝、約一・八ヘクタール］・五十畝と同等の土地を支給される規定となっている。ただしそれは、条文のなかに「田宅の広さが（規定を）満たしていないもの」という文が、すでに存在しているように、本来は支給規定であった戸律が、土地所有の広さの制限となったものである。支給規定が、大土地所有の限界を定める規定となっていたと言い換えてもよい。

また、「二年律令」の他の条文では、⑳徹侯・⑲関内侯は、その爵位を子孫に継承できることが規定されている。それ以下の爵位にも、原則として公務による死であればそのまま、病死であれば二等下の爵位が後嗣に継承される規定がある。すなわち、前漢では、一たび官僚となり、⑳徹侯・⑲関内侯を得れば、子孫はたとえ官に就かなくとも、九十五頃以上の土地まで所有できたのである。たとえばそれは、唐の均田制《きんでんせい》で農民の標準的土地所有とされた百畝の九十五倍の土地となる。このように漢では、たいへん広い土地の所有が、爵位に応じて許されており、豪族と呼ばれる大土地所有者を出現させていた。

さらに、武帝期には、売爵が行われた。爵位を買えば、その爵位の限界まで土地所有が許容される。豪族が広まった理由の一つである。さらに、武帝は、爵位の価値が低くなると、軍功による爵位として別に武功爵《ぶこうしゃく》を設置した。第十一級の⑾軍衛《ぐんえい》を筆頭に⑽政戻庶長《せいれいしょちょう》・⑼執戎《しつじゅう》・⑻楽卿《がくけい》・⑺千夫《せんふ》・⑹秉鐸《へいたく》・⑸官首《かんしゅ》・⑷元戎士《げんじゅうし》・⑶良士《りょうし》・⑵閑輿衛《かんよえい》・⑴造士《ぞうし》である。これらの武功爵も、後に売爵の対象となったが、それぞれどの程度の土地所有を許されたのかは不明である。

周の井田制を理想とする中国における「均田」とは、このようなものであった。人間一人ひとりを平等な存在と考え、その土地所有をすべて等しくするのではない。それは共産主義である。儒教における「均田」とは、社会的身分体系における差等、漢では爵位の違いを前提として、それぞれの身分における土地の均一的所有を目指すものであった。このため、爵位により受田規定が異なるのである。渡辺信一郎は、「天聖令明抄本《てんせいれいみんしょうほん》」［明代に書かれた北宋の「天聖令」の手書き本。唐令の復原が可能］より復原した唐の「開元《かいげん》二十五年田令《でんれい》」に記される官職と官人永業田《えいぎょうでん》［官僚が世襲を認められた田］の規定より、国家的諸身分に対応する土地給付関係が、均田制の本質であったとする。均田制は、百畝の土地を農民百姓に均等に保有させることを基盤とするものの、官人身分などの階層内均等所有を包括的に規定する、身分制的土地所有であったとするのである。

　このように前漢では、爵位によって正統化されながら大土地を所有する豪族が増加することで、社会不安を醸成していた。哀帝が、綏和《すいわ》二（前七）年に出した限田策は、大土地の所有を一律三十頃［約五四・六ヘクタール］以内に限定しようとするものであった。「二年律令」では九十五頃の⑲関内侯も、一頃＝百畝を所有できるとされる①公士も押し並《な》べて、その土地所有を一律三十頃に制限したのである。いかに現実認識に欠けた政策であるかを理解できよう。哀帝期は、王莽に対抗して、国家政策を儒教から離そうとしていた時期である。ここには法家的画一主義を感じる。結局、限田策は、何の成果を挙げることなく、土地所有の格差は広がるばかりであった。儒教に基づかない政策は、有効性を持ち得なくなっていたのである。

小康と大同

綏和二（前七）年に崩御した成帝を嗣いで即位した哀帝は、元帝の孫にあたる。成帝期における外戚王氏の専横を嫌った哀帝は、武帝や宣帝を手本として皇帝の権力を強めようとした。したがって、王氏出身の元《げん》太皇太后に対抗する一方で、自らと関わりの深い傅《ふ》太后《たいこう》の一族や母の丁《てい》姫《き》の一族にも、権力を積極的に与えることはなかった。哀帝が、寵愛して政治を委ねたものは、董賢《とうけん》である。

図表4－1　元帝の諸子と帝位継承

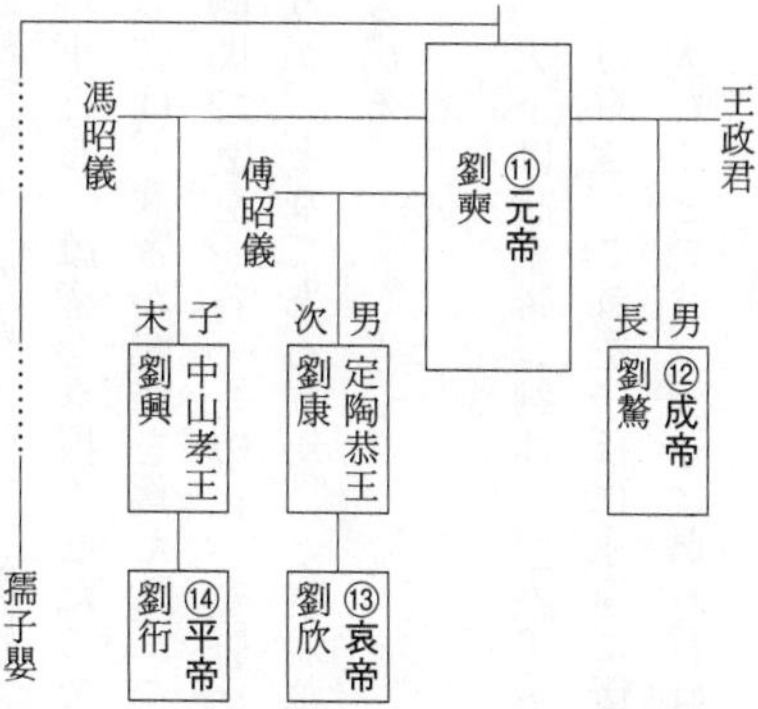

哀帝は、董賢の美貌を愛し、寝食をともにした。その寵愛ぶりは、断袖《だんしゅう》の故事として知られる。哀帝は、董賢と一緒に寝ていた際、自分の衣の袖の上で寝ていた董賢を起こさないように、袖を断って起きたというのである。哀帝は、董賢の妻を宮中に自由に出入りさせ、妹を皇后に次ぐ昭儀《しょうぎ》の地位に昇らせ、父を少府《しょうふ》［帝室財政を担当する大臣］に抜擢した。未央宮の正門前には、董賢のために大豪邸を作り、自らの寿陵《じゅりょう》［生

前に営む陵墓」の近くには、董賢の墓を造らせた。そして、董賢を高安侯《こうあんこう》に封じ、大司馬・衛将軍として政権を掌握させたのである。このとき董賢は、二十二歳であった。

哀帝は、武帝が麒麟を獲た時につくり、宣帝が霍光・蘇武ら功臣の像を飾った高殿《たかどの》である麒麟閣で宴会を行った際に、董賢に笑いかけながら、「朕は堯にならって舜に禅譲しようと思うが、どうであろうか」と言った。そのとき、王氏一族で唯一、哀帝に侍っていた王閎《おうこう》が進み出る。

天下は高皇帝（劉邦）の天下であって、陛下のものではございません。陛下は宗廟を受け継ぎ、これを子孫に永遠に伝える義務がございます。天下を治めるのは、きわめて重大なことです。天子に戯《ざ》れ言は許されません。『漢書』佞幸 董賢伝

哀帝は、黙り込んだ。王閎は退出させられ、二度と宴席に呼ばれることはなかったという。天下は、国家の創始者・受命者［漢では劉邦］のものであり、その子孫である歴代皇帝は、創始者とその継承者を祀る宗廟祭祀の挙行を通じてのみ、自らの権力の淵源を確認できる、という考え方は、こののち多く表明されるが、すでに述べたように、前漢では第六代の景帝期の竇嬰の発言に遡る。すでに掲げたように、景帝が弟の梁孝王に皇帝位を約束したとき、

竇嬰は「天下は高祖（劉邦）の天下であり、父子相伝が、漢の約束ごとでございます。主上がどうして（皇帝位を梁孝）王に伝えることができましょうか」と述べている（『漢書』竇嬰伝）。

このような皇帝権力を一家［ここでは漢家］のものとして、子孫に伝えていくことを『礼記』礼運篇では、「天下を家と為す」「小康の世」［さほど悪くはない世］と位置づける。先に掲げた谷永が王氏のために説いた、「天下を公と為す」「大同の世」［儒教的理想社会］と反対のあり方である。

王閎は硬骨漢であった。王氏一族でありながら、漢の簒奪を目指す王莽を嫌い、王莽が漢を簒奪すると東郡太守《とうぐんたいしゅ》に左遷される。王莽の滅亡後は、東郡を維持し、やがて漢の復興を目指した更始帝《こうしてい》に、最後は光武帝劉秀に帰順する。

元寿《げんじゅ》二（前一）年、哀帝が崩御すると、「天下を公と為す」という儒教の理想を掲げながら、漢からの簒奪を目指す王莽が政権を掌握する。

第五章　「古典中国」への胎動

王莽の理想主義

1　周公を理想

王莽の台頭

王莽は、元帝の王皇后の弟王曼《おうまん》の子である。王皇后の子である成帝が即位すると、王鳳ら元皇太后〔元帝の王皇后〕の兄弟は、外戚として権力を振るった。だが、父が早く卒していた王莽は貧しかった。それでも、儒教を学び、家ではよく母に仕え兄の遺児を養い、外では俊才と交わり父の兄弟にも誠意を尽くした。こうして次第に認められた王莽は、伯父の大将軍王鳳に引き立てられて順調に昇進し、新都侯《しんとこう》〔新という国号の由来〕に封建されて、大司馬に至った。しかし、成帝が崩じて哀帝が即位すると、哀帝の外戚や寵臣を恐れて、自ら官を辞した。哀帝は、寵臣の董賢を大司馬・衛将軍として政権を担当させた。二十二歳の董賢は、専権を振るい、国政は混乱する。

元寿二（前一）年、哀帝が崩御すると、元太皇太后〔元帝の王皇后。王太皇太后ともいう〕は、王莽を召し、国政の全権を委ねた。王莽は、董賢の悪を暴いて自殺させ、没収した董氏一族の財産を売却する。その額は四十三億銭に達した。哀帝期における董賢による専制の一端を理解できよう。これに象徴される国政の紊乱《びんらん》が、漢家の再受命を求めるような、社会不安へと繋がっていたのである。

大司馬に復帰した王莽は、元帝の庶孫に当たる九歳の中山王劉衎《りゅうかん》を即位させた。平帝《へいてい》である。新たな外戚が権力を握らぬように、王莽は、平帝の母である中山衛姫《ちゅうざんえいき》とその親族を長安に入れなかった。そして、哀帝の皇后である傅氏《ふし》を廃位して自殺に追い込むと、哀帝の外戚や大臣を次々と粛清した。こうして磐石な権力基盤を築きあげた王莽は、「漢家の故事」と経義に基づき安漢公《あんかんこう》に就任する。その際、王莽は自らの理想として周公を掲げた。

周公は名を旦といい、西周を建国した武王の弟である。武王の死後、その子成王を輔けて摂政《せっしょう》として政治を掌握し、殷の遺民を率いる武庚禄父《ぶこうろくほ》や、周公の兄弟であるが殷の遺臣と結んだ管叔《かんしゅく》・蔡叔《さいしゅく》らの反乱を平定した。さらに、東方に遠征を行い、新都洛邑《らくゆう》［後の洛陽］を建設し、東方支配の拠点とした。摂政の地位に居る［居摂《きょせつ》する］こと七年、成王が成人したため政権を返還する。ただし、その間、周公は、居摂践祚《きょせつせんそ》［摂政の地位にありながら王として即位］していた、という学説があり、やがて王莽はそれを利用する。王莽が最も重視した『周礼《しゅらい》』は、周公の著作と仮託されている。

王莽は、自らを周公に準えるため、益州《えきしゅう》に示唆して、夷狄より白雉《はくち》を献上させる。白雉は、周公が政治を執っていた際に現れた瑞祥である。元始元（一）年、王莽は、元太皇太后に言上して、白雉を宗廟に供えさせた。哀帝期の国政の混乱から王莽に期待をかけていた群臣は、この瑞祥に対して「霍光の故事」を王莽に賜うよう、元太皇太后に上奏する。石井仁《ひとし》によれば、「霍光の故事」は、葬礼の際に轀輬車《おんりょうしゃ》［天子用の霊柩車］を下賜され、前後羽葆鼓吹《ぜんごうほこすい》［天子の軍楽隊］を加えられ、虎賁《こほん》［天子の親衛隊］を護衛とするものである。ただし、それは葬礼の際の「殊礼《しゅれい》」［特別な儀礼］であり、生前において霍光に準えることは、あまりに大きな権威を臣下に帯びさせる危険な行為であった。このため元太皇太后は、躊躇する。そこで群臣は、上奏を重ねた。

王莽の功徳は、周公・成王が白雉の瑞祥を致したことと、千年を隔てて符合しています。聖王の法では、臣下に大功があれば、生きながらに美号を称させます。このため周公は、在世中に（自らの）号を（国号の）周にちなみ（周公と称し）ました。王莽は、国を安定させ漢を安寧にした大功があります。よろしく号を賜り安漢公と称させ、封戸を益し、爵位と封邑を等しくして、上は古制《こせい》（である周公の故事）に応じ、下は行事《こうじ》（である霍光の故事）に準えて、天の心に順うべきであります。　『漢書』王莽伝上

群臣は、王莽が取り上げた白雉の瑞祥が、周公と同じであることを忖度《そんたく》した。王莽の狙いどおり、群臣は「霍光の故事」よりも、さらに上の「周公の故事」を賜うことを主張した。

元太皇太后はこれを認めざるを得なかった。こうして王莽は、安漢公を賜与《しよ》されたのである。

王莽がこのように、霍光のような「漢家の故事」だけではなく、「周公の故事」を利用していることは注目に値する。「周公の故事」は、漢家の国政の積み重ねによって備わるものではない。群臣が「周公の故事」を「古制」と称するように、「周公の故事」は儒教経典により規定されたものである。漢が実際の政治の中で行ってきた「漢家の故事」を超えて、経典による理念を加えることで「古典中国」という普遍的な規範を形成していくのである。

周公の故事

周公の「白雉」の故事を伝える文献は、『尚書大伝《しようしよたいでん》』である。『尚書大伝』は、鄭玄《じようげん》注の序文によれば、伏生《ふくせい》［秦の博士、『尚書』を漢に伝えた］の遺説と撰述者の張生《ちようせい》・歐陽生《おうようせい》［ともに伏生の弟子］による増改部分との二層より形成されるもので、『尚書』の伝に止まらず、雑多な説を含む経典である。

周公の居摂六年、礼を制し楽《がく》を作り、天下は平和であった。（南方の夷狄の）越裳国《えつしようこく》は通訳を重ねて白雉を献上して、「道路は悠《はる》かに遠く、山川は険しく深いので、言葉が通じる使者はおりません。そこで通訳を重ねて朝貢します」と申しあげた。成王は（遠方からの夷狄の使者を周公の徳を慕ってきたと考え、使者を）周公のもとに至らせた。

『太平御覧《たいへいぎょらん》』四夷六南蛮一に引く『尚書大伝』

越裳国から献上された白雉は、周公が「居摂」して「制礼作楽《せいれいさくがく》」〔礼楽を制作すること〕をした結果、その徳を慕って献上された貢物なのであった。『尚書大伝』によれば、幼い成王を補佐して摂政をした周公は、一年目に乱を救い、二年目に殷を破り、三年目に反乱していた奄《えん》〔春秋時代の魯の地〕を平定し、四年目に侯圻《こうきん》と衛圻《えいきん》〔王畿の外縁にある五服の一つ〕を建て、五年目に成周《せいしゅう》〔殷の遺民を住まわせる都市〕を営み、六年目に礼楽を制作し、七年目に政権を成王に返した、とされる。したがって、王莽は、白雉の献上を受けたのち、元帝期から本格化していた、経書に基づく漢家の礼楽の制作に積極的に関与していく。自ら周公になろうとしたのである。そして、その際に王莽は、「漢家の故事」から離れ、経書に基づく正しさを持つ「古典中国」の規範を形成しようとするのである。

なお、『尚書大伝』は、『礼記』文王世子《ぶんのうせいし》篇や『史記』魯周公世家《ろしゅうこうせいか》と同じように、周公は居摂時に、上帝に命ぜられ「践祚」〔即位〕していた、と主張する。このため王莽の即位は、『尚書大伝』の周公理解を規範として進められた。ただし、周公の居摂を規範とする以上、七年後には、政治を奉還し、臣下とならざるを得ない。永続的に権力を掌握するためには、いつかは周公の故事を超えなければならないのである。

元始四（四）年、王莽は、自らの娘を平帝の皇后にするとともに、「宰衡《さいこう》」という地位に就いた。「宰衡」とは、周公の太宰《たいさい》と、伊尹《いいん》［殷の始祖湯王《とうおう》の宰相、湯王を嗣いだ太甲《たいこう》が暴虐なので追放し、三年後に政権を返した。即位したとの説もある］の阿衡《あこう》という、二人の官職を合わせた職名である。いずれも即位するほどの権力を持った臣下の官職である。王莽はここで、周公の太宰を名乗るのではなく、伊尹の阿衡を組み合わせた「宰衡」という言葉を用いた。周公を超えようとする試みの一つと考えてよい。

九錫

元始五（五）年、王莽は九錫《きゅうせき》を受けた。九錫とは、⑴車馬［大輅《だいろ》・戎輅《じゅうろ》各一台］、⑵衣服［王者の衣服と赤い靴］、⑶楽則［王者の楽器］、⑷朱戸［朱塗りの戸］、⑸納陛《のうへい》［外から見えない階段］、⑹虎賁《こほん》［近衛兵三百］、⑺鈇鉞《ふえつ》［斧《おの》と鉞《まさかり》］、⑻弓矢［赤い弓と黒い矢］、⑼秬鬯圭瓚《きょちょうけいさん》［宗廟の祭器］である。一言でいえば、皇帝と同じ儀礼の道具である。

王莽が九錫を受ける理由には、朝臣の論議が経書に依拠するようになったこと、『詩経』に基づき霊台《れいだい》［天子の気象観察台］を建てたこと、『尚書』に基づき周公の洛邑・鎬京《こうけい》・商邑《しょうゆう》の首都制度を復興したことが挙げられた。そして何よりも、最も重要な理由として、王莽が

「制礼作楽」を行ったことが特記される。九錫の賜与も、『尚書大伝』を典拠とする「周公の故事」を規範としているのである。「宰衡」という官職による周公超克の試みはさほど機能せず、『尚書大伝』を典拠に周公を規範とすることが継続されている。元始五（五）年、平帝が崩御すると、王莽はついに居摂しながら、践祚〔即位〕するに至る。それを定めたものも、「周公の故事」を典拠にした元太皇太后の詔であった。

思うに聞くところによると、天は多くの民を生んだが、（かれらは）互いに統治することができず、このため（天は）君主を立てて、これを統治させたという。……安漢公の王莽は輔政すること（成帝・哀帝・平帝の）三代にわたり、（その間）しきりに（谷永がいう三つの）際会《さいかい》（災難）に遭いながらも、漢室を安寧にした。かくて異なった風俗を同じにし、制礼作楽するに至り、周公と世を異にしながらも符を同じくした。……安漢公を居摂践祚させること、周公の故事のようにせよ。『漢書』王莽伝上

居摂践祚を命じる元太皇太后の詔は、谷永の上奏文と同じように、「天下を公と為す」天下観念より始まる。君主に徳がない場合には、君主を交代すべしという経義を前提として掲げたうえで、王莽の居摂践祚が実現するのである。その理由は、「周公の故事」に基づく。

王莽の「制礼作楽」は、周公と世を異にしながらも「符」を同じくしたと。ここでの「符」は「符命《ふめい》」〔瑞祥を伴った天命の表示〕のことで、具体的には白雉の貢献を指す。

王莽は、『尚書大伝』を中心とする周公が居摂のまま践祚したという経義を典拠に、自らの居摂践祚を正統化した。しかし、周公を典範とすれば、君主の地位の返還が必要となる。王莽は、『尚書大伝』の周公像より離れる典拠を「制礼作楽」の典拠とともに古文学《こぶんがく》に求めた。

2 古文学と劉歆

今文学と古文学

前漢の後半期、儒教は自らの思想を漢帝国の専制支配に合致させるため、新たな経典を必要としていた。それに応えたものが、古文《こぶん》経典である。そして、従来の隷書《れいしょ》で書かれた今文《きんぶん》経典に比べて、専制権力を積極的に擁護する古文経典に基づく学問、すなわち古文学を集大成したものが、宗室として『列女伝』を著し成帝を風刺した劉向の子、劉歆《りゅうきん》であった。

劉歆らの古文経典の発見と解読により、儒教経典は、今文と古文というテキストの文字の違い〔今文・古文の文とは、文字のこと〕により、大別されることになった。今文学〔今文経典に基づく学問」は、口承で伝えられてきた経典とその解釈が漢代に書き留められたもので、隷書という漢代の文字〔今文〕で書かれている。ちなみに、いま使われている楷書《かいしょ》は、漢の滅亡後に普及する。その直前の書体であるため、隷書はわれわれにも、ほぼ読むことができる。これに対して、古文学は、漢以前の文字〔古文〕で書かれた経典の解釈である。古文は、訓練しなければ読めない。当時もそうであった。劉歆は、古文に習熟した専門家として、父の劉向とともに、宮中に収蔵されていたという古文の経書を解読したのである。

今文学と古文学は、単に経典の文字が異なるだけではない。『礼記』〔今文〕と『周礼』〔古文〕のように経書そのものが異なる「礼」、『春秋公羊伝』『春秋穀梁伝』〔今文〕と『春秋左氏伝』〔古文〕のように経書を解釈する「伝」が異なる「春秋」、というように、経そのものからその解釈、そして何よりもその主張内容が大きく異なっていた。

前漢の哀帝期以前に、太学に学官《がくかん》が置かれた学問は、すべて今文学であった。宮中の校書《こうしょ》「多くの書籍を調査し、その異同を調べ、内容を整え、目録を作ること」を通じて、多くの古文経典に習熟した劉歆は、哀帝の即位した綏和二（前七）年、『春秋左氏伝』をはじめ、『毛詩《もうし》〔詩経毛伝〕』『逸礼《いつれい》』『古文尚書』といった古文学を学官に立てるべきであると上奏した。だが、劉歆に賛同したものは、王莽の叔父王根の推挙を受けた房鳳《ぼうほう》と、光禄勲《こうろくくん》〔宮殿の警備を担当する大臣〕の王龔《おうきょう》だけであった。丞相の孔光をはじめ多くの儒者は、古文の立学に反対した。のみならず、大司空《だいしくう》［三公の一つ］の師丹《したん》は、劉歆・房鳳・王龔を地方に左遷するよう上奏する。得体の知れない偽学を広げさせないためである。なお三人は、いずれも王氏との関わりがあった。それでも王氏の力は、いまだ漢を覆うほどではなく、三人は左遷される。やがて、哀帝期に失脚していた王莽が、政権を奪取することにより、古文学は学官に立てられ、王莽の政策の中核に据えられていく。劉歆は、王莽に積極的に協力する。

王莽の古文学宣揚

それでは、なぜ王莽は、古文学の立学を目指したのであろうか。古文学は、今文学と比べて後出であるため、第一に、漢の専制支配という現実に合わせて、武帝のような強大な君主権力を正統化できる政治思想を持っていた。第二に、経学としても、今文学に比べて訓詁《くんこ》［経書の字句の音や意味の解釈］に優れていた。あらゆる漢字字書の祖であり、日本でも学ばれている指事・象形・形声・会意・転注・仮借《かしゃ》の「六書《りくしょ》」によって漢字の成り立ちを説明する『説文解字《せつもんかいじ》』を著した許慎《きょしん》は、後漢の古文学者である。古文学者は、訓詁のために漢字一つ一つの成り立ちや音義《おんぎ》［文字の音と意味］に詳しかった。そして第三に、何よりも古文学は、今文学者が緯書を偽作し、孔子の神格化を通じて漢を正統化したことに対して、周公を尊重するとともに、経学の正しさを合理的に追究した。

しかも、古文学の有利な点は、それだけに止まらない。校書とは、書籍の校訂を意味するが、劉歆の校書は後世とは内容が異なる。近年相継ぐ先秦から前漢にかけての出土資料の発見により、経書をはじめとする書籍が、現行本とは異同があり、同じく出土資料であっても、その著わされた時期により書籍の内容が動いていることが明らかになった。劉歆の校書は、すでに書籍として固定した形を持っている何種類かの本を比較・検討することにより、その字句を正すという後世の校書とは異なる。巻ごとに別々になっていることさえある不確定な素材を一つの書籍としてまとめ上げていく作業であったと考えられる。誤解を恐れず簡単に言えば、ある意味、それは本を創作していく作業であった。したがって、校書の過程で、当該時期の政治状況を反映する字句を紛れ込ませることは、比較的容易であった。孔光たちから「偽経」と警戒された理由である。

劉歆は、黄門郎《こうもんろう》として同僚となり、哀帝期の古文宣揚により左遷された自分を抜擢してくれた王莽に対する思い入れがあった。王莽が漢を簒奪することまでを最初から予想し、そのために王莽の権力確立を助けたかどうかには疑問が残る。だが、古文、なかでも自らの手により世に広めた『春秋左氏伝』の中に、王莽に有利な記述を差し込むことに、大きな抵抗はなかったと思われる。

王莽は、自分が黄帝そして舜の末裔であることを強く主張し、それが胡公《ここう》・敬仲《けいちゅう》［田完］・

田安《でんあん》と続いて自分に至ることを明言している。このうち、春秋時代の胡公と敬仲［田完］に関わる記事が、『春秋』三伝中、唯一『春秋左氏伝』に見られる。具体的には『春秋左氏伝』荘公伝二十二年・昭公伝八年で語られる世系《せけい》は、王莽の主張と一致し、一貫して「舜の末裔」が、やがて世に顕れることを述べている。

重澤俊郎は、元来、春秋諸国史の集成であった「左氏伝」が、劉歆によって体系ある思想としてまとめられた際、「経」に対して不相応な「伝」が王莽の正統化のために竄入《ざんにゅう》された、としている。本来「伝」とは、「経」を解釈するための注であるが、『春秋左氏伝』は「経」の解釈を超えて、王莽の正統化に努める部分がある。さらに、舜の後裔である王莽の禅譲が実現する前提となる、漢家が堯の後裔であることを明言する論拠も『春秋』三伝中、唯一『春秋左氏伝』に存する。漢火徳《かんかとく》説とともに検討を続けよう。

漢火徳・漢堯後説

かつて諸子百家の一人、陰陽家《いんようか》の鄒衍《すうえん》が説いた宇宙論である陰陽五行説《いんようごぎょうせつ》によれば、万物は、天・日・男などの陽《よう》と地・月・女などの陰《いん》との結合により生まれる。生まれ出た万物は、土・木・金・火・水という五行［五つの要素］によって構成される。これらのなかに、「日」曜日以下、「土」曜日までの七曜のすべてが含まれるように、陰陽五行説は、中国だけではなく、やがて東アジアの宇宙論の根底に置かれる。ギリシアのイオニア学派の哲学が、万物の根源を水や原子といった、ただ一つのものに求めたことに対して、陰陽五行説では、五行は並存し、かつ相互に関係しあう。土から木が生え、木が金属に切られ、金属が火に溶かされ、火が水で消され、水が土に吸収されるように、土↑木↑金↑火↑水↑土……の順で、下が上に勝つとされたのである。これを五行相勝説《そうしょうせつ》という。のちに、木に火が着き、火が燃えると土にかえり、土から金属が掘り出され、金属が溶けて液体（水）になり、水を吸収して木が育つように、木↓火↓土↓金↓水↓木……の順で、上から下が生まれるという、五行相生説《そうしょうせつ》も生まれた。相勝説と相生説をあわせて、五徳終始説《ごとくしゅうしせつ》という。万物の運行がこれに則るわけであるから、国家の盛衰も五徳終始説により説明された。

劉向・劉歆の出現まで、国家の興亡を説明する五徳終始説は相勝説に依拠していた。第五代文帝期の張蒼《ちょうそう》が漢水徳《すいとく》説を制度化したことに対して、賈誼《かぎ》や公孫臣《こうそんしん》は漢を土徳《どとく》と考えた。黄龍《こうりゅう》「土のシンボルカラーは黄色」の出現を機に、文帝は公孫臣の漢土徳説を採用した。これを承けて、武帝は、太初《たいしょ》元（前一〇四）年、受命改制《じゅめいかいせい》「天命を受け国家を始めると制度、なかでも暦法を改める」思想に基づき太初暦《たいしょれき》を制定して、漢を土徳と決定した。

これに対して、劉歆は、新たに三統暦《さんとうれき》を作成して太初暦に対抗、自己の所説の独自性と正しさを主張するため、相生説の五徳終始説に基づき漢火徳説を唱えた。秦は統一期間が短いため閏統［正統と認めない］として五徳に入れず、漢は周の木徳を受けたとしたのである。

漢火徳説は、『春秋左氏伝』だけが記録する古の帝王である少昊《しょうこう》を入れることで実証された。従来の古帝王と三代［夏・殷・周］の系譜では、相生説によると、

黄帝（土）→顓頊《せんぎょく》（金）→帝嚳《ていこく》（水）→堯（木）→舜（火）→夏（土）→殷（金）→周（水）→漢（木）

となり、漢は木徳となる。ところが、『春秋左氏伝』だけが記録する少昊を入れると、

黄帝（土）→少昊（金）→顓頊（水）→帝嚳（木）→堯（火）→舜（土）→夏（金）→殷（水）→周（木）→漢（火）

となって、漢は堯の後継者であり、火徳の国家であることが論証される。このように劉歆は、少昊氏について記述している『春秋左氏伝』昭公伝十七年を論拠に、帝王の系譜に少昊を挿入し、相生説の五徳終始説に基づいて、堯と漢が火徳であることを論証したのである。

漢堯後説《かんぎょうこうせつ》もまた、『春秋左氏伝』を論拠とする。漢の祖先を堯の末裔とする最大の論拠は、

『春秋左氏伝』文公伝十三年に、「秦に留まった者が、劉氏となった」とある、士会《しかい》〔晉《しん》の范《はん》武子《ぶし》〕の子孫が劉氏になったとする記述である。これに、襄公伝二十四年・昭公伝二十九年に見える堯の子孫が劉累《りゅうるい》であり、劉累の子孫が晉の范氏《はんし》である史伝説話をあわせ、さらに『漢書』高帝紀の賛《さん》に引く、秦に留まった劉氏が漢室の祖先となった、という劉向の説を加えると、漢堯後説が完成する。典拠とともに示そう。

堯〔陶唐氏〕→子孫→夏の劉累→晉の范氏　（『春秋左氏伝』昭公伝二十九年）
堯〔陶唐氏〕→子孫→　　　　晉の范氏　（『春秋左氏伝』襄公伝二十四年）
晉の士会〔范武子〕→子孫→劉氏　（『春秋左氏伝』文公伝十三年）
秦〔戦国〕の劉氏　→子孫→劉邦　（『漢書』高帝紀賛 引「劉向云」）

堯と劉邦とを結ぶポイントは、『春秋左氏伝』文公伝十三年であることが分かろう。

これについては、早くも「五経正義《ごきょうせいぎ》」〔五経の正しい解釈書〕を編纂した唐の孔穎達《くようだつ》〔孔子の子孫〕が、この記述は、漢の左伝学者が劉を姓とする漢に媚び、左氏伝を興すために附益したものである、と述べている（『春秋左氏伝』文公伝十三年疏《そ》）。孔穎達がいう劉に媚びた漢の左伝学者が劉歆である。こうして劉歆は、漢の祖先は堯帝の末裔であるという『春秋左氏伝』の記述により、漢火徳説および漢堯後説を正統化したのである。霍光のときの眭弘が「漢堯後説」を説いたとする『漢書』の記述の怪しさを理解できよう。

堯が舜に禅譲したことは、『史記』などの記述により周知のことであった。したがって、堯の子孫である漢が、舜の子孫である王莽に禅譲する、経学的正統性はここに整えられた。王莽は、『春秋左氏伝』『周礼』など新出の古文経典を立学することで、『尚書大伝』など今文経典では超えられなかった周公の限界を突破したのである。

3　『周礼』国家

王莽の即位

居摂元（六）年正月、王莽は上帝［天］を南郊に祀り［南郊祭天］、春を東郊に迎え［迎気《げいき》］、明堂《めいどう》［経典ごとに位置づけが異なる建物。後述］で大射礼《たいしゃれい》・養老礼《ようろうれい》を行った。いずれも天子が行う祭祀である。王莽は三月には、劉嬰《りゅうえい》［孺子《じゅし》嬰《えい》、宣帝の玄孫。孺子は幼子の意］を皇太子として、自らの位置が居摂践祚であることを示した。しかし、四月、王莽の漢簒奪を危惧した安衆侯《あんしゅうこう》の劉崇《りゅうすう》が蜂起する。だが、これは簡単に平定された。

王莽を震撼させたのは、翌居摂二（七）年九月に起こった翟義《てきぎ》の乱である。翟義は、成帝の丞相翟方進《てきほうしん》の子であり、東郡太守となっていた。東平王《とうへいおう》の劉信《りゅうしん》を立てて天子となし、自らは大司馬・柱天大将軍《ちゅうてんだいしょうぐん》と称した翟義は、王莽が平帝を毒殺したとの檄文を各地に送り、十余万の兵を集めて蜂起した。王莽は、信任厚い孫建《そんけん》を奮武《ふんぶ》将軍とし、翟義軍を迎撃させる。一方で、群臣を招集すると、政権を孺子嬰に返還する意図があることを述べる「大誥《たいこう》」を作成、桓譚《かんたん》を派遣して全国に告知させた。その間、王莽軍は奮戦し、翟義軍を破り、長安より西で翟義に呼応した趙明《ちょうめい》らの反乱も、居摂三（八）年二月までには平定した。

　こうして王莽は、自らの即位を妨げようとした翟義を武力で鎮圧できた。しかし、「大誥」を布告して政権を孺子嬰に返還する約束をしたことも事実である。そのため王莽は、政権を返さず、漢を滅ぼして新を建国するための揺るぎない正統性を必要とした。ここで、漢火徳説・漢堯後説と王莽舜後説《しゅんこうせつ》とが結合される。

　王莽は、居摂三（八）年十一月、自らを黄帝と虞舜《ぐしゅん》の後裔と位置づけ、漢を火徳［シンボルカラーは赤］と宣言する。同月、即位した王莽は、元号を初始《しょし》と改め、天下の号を新［莽《もう》新《しん》とも称する］と定めた。翌始建国《しけんこく》元（九）年、王莽は、漢を堯の後裔とし、堯舜革命に準えて、漢新革命を行ったことを宣言する。

　予の皇始祖考《こうしそこう》である虞帝《ぐてい》［舜］は禅譲を唐帝《とうてい》［堯］より受けた。漢氏の祖先である唐帝［堯］には、代々伝国《でんこく》の象《しょう》［国を譲るきざし］があり、予はまた親しく金策《きんさく》［漢の天下を譲るという命令書］を漢の高皇帝の霊より受けた。『漢書』王莽伝中

王莽は、同じく始建国元（九）年に、漢の高祖劉邦の高廟を文祖廟《ぶんそびょう》と改名した。これは、『尚書』堯典《ぎょうてん》篇の「正月上日、（舜は堯の政治の）終わりを文祖［堯の廟］に受け（天子となった）」を典拠とする。漢の初祖を堯と位置づけ、その後裔である高祖の高廟を文祖廟と位置づけることで、舜の後裔たる王莽が、堯舜革命を規範に漢新革命を成し遂げた正統性を主張したのである。こうして王莽は、古文学の『春秋左氏伝』を典拠に、堯舜革命を規範として自らの漢新革命を正統化したのである。

王莽は、『尚書大伝』を典拠とする、やがては政権を奉還しなければならない「周公の故事」に基づく摂政という限界を超えて、『春秋左氏伝』を典拠とする、漢堯後説と王莽舜後説により、堯舜革命に準えて漢新革命を実現できた。今文の『尚書大伝』から古文の『春秋左氏伝』へと依拠する経典を展開することにより、自らの地位を「居摂践祚」から天子へと押しあげたのである。ただし、『春秋左氏伝』だけでは、王莽の簒奪は完成しなかった。合理的な『春秋左氏伝』による説明に加えて、神秘的な緯書による予占を必要としたのである。古文学は、いまだ劉歆ら少数の古文学者が研究を続けているだけであった。漢の知識人層に

広く流行していた予占などの宗教性をまとわずに、革命はできなかったのである。

このため王莽の革命は、「符命革命《ふめいかくめい》」と呼ばれることがある。符命とは、常に「符《ふ》」「何らかの瑞祥」と関連して出現する「命《めい》」「天の予言」のことである。そこには、天の命が記されているが、もちろんそれは王莽の意図を汲んだものの作為であった。こうした符命が、古文学とは別の流れをなしながら、天命による革命の正統化を担っていたのである。

王莽が初めて符命を用いたのは、平帝が崩御した元始五（五）年十二月のことであった。

前煇光《ぜんきこう》［京師の行政官］の謝囂《しゃごう》が上奏して、「武功長《ぶこうちょう》［武功県の行政長官］の孟通《もうつう》は井戸を浚《さら》って白い石を手に入れましたが、（石の形は）上が円で下が方［四角］であり、丹書［赤い丹を使って書いた文字］により、石に書かれておりました。その文には、「安漢公の王莽に告ぐ、皇帝となれ」とございました」と言った。符命の起源は、これより始まる。王莽は群公に（符命の出現を）元太皇太后に申しあげさせた。元太皇太后は、「これは天下を欺《あざむ》くものである、頒布してはならない」と言った。

『漢書』王莽伝上

王莽は、「安漢公の王莽に告ぐ、皇帝となれ」という符命に基づいて、孺子嬰を皇帝とはせず、自らが居摂践祚したのである。注目すべきは、元太皇太后が、符命を「天下を欺くもの」と否定していることである。王莽の革命は、「符命革命」と称されるほどには、全面的に符命に依拠しているわけではない。符命だけでは、元太皇太后を筆頭とする革命への反対を押し切ることはできなかった。王莽の革命は、符命だけではなく、一方で『春秋左氏伝』など古文学の経義に基づき、漢堯後説や王莽舜後説などを論理的に構築することと、相互に補完しあいながら実現したものなのである。論理だけでは、天によって正統化される天子の地位に就くことは難しい。ここに儒教が神秘性・宗教性を帯びた理由がある。

居摂三（八）年には、「摂皇帝 当《まさ》に真と為るべし」という符命が現れる。王莽は、このとき摂皇帝と称していた。そして、王莽が最終的に即位する契機となった天命を伝えたものも、また符命であった。

> 梓潼《しとう》の人である哀章《あいしょう》は、長安で学問したが、素行が悪く大言壮語を好んだ。王莽が居摂すると、銅の匱《き》［はこ］を作り、二つの封印をつくった。一つは「天帝行璽金匱図《てんていこうじきんきと》」と記し、もう一つは、「赤帝行璽某伝予黄帝金策書《せきていこうじぼうでんよこうていきんさくしょ》」とした。某とあるのは、高皇帝の名である。（その中の）書には、「王莽は真天子となれ、皇太后は天命のようにせよ」と記されていた。　『漢書』王莽伝上

居摂三（八）年、哀章が「金匱図」と「金策書」を奉ることで、王莽は即位した。『漢書』も伝えるように、哀章その人には深い思慮はなかったのかもしれない。「金匱図」が天からの命、「金策書」が劉邦からの命を伝えることで、王莽は、天子および皇帝という二つの正統性を保障された。天から天子になること、そして漢家から皇帝になることを認められた王莽は、こうして莽新を建国したのである。その際、「赤帝行璽某（邦）」と、劉邦が「赤帝」とされていることには、注目したい。哀章が古文学派の漢火徳説を踏まえていたのか、あるいは『漢書』を著した古文学者の班固が、父班彪も信奉した漢火徳・漢堯後説を踏まえて「赤帝」としたのかは、定かではないが、符命へと流れ着いていった今文学の神秘化の傾向と、理知的な古文学派の学説を結合させようとする意図が感じられるためである。

王莽は、莽新建国後の始建国元（九）年、「符命四十二篇」を天下に宣布して、自らの正統性を主張した。のちに後漢の光武帝劉秀が即位後に、図讖《としん》「光武帝の即位を正統化する予言書」を天下に宣布することは、これに倣ったものである。

だが、王莽を支えた二つの正統性が完全に融合することはなかった。漢家から禅譲を受けて皇帝として即位するために、王莽は、『春秋左氏伝』により漢堯後説と王莽舜後説を論証し、堯舜革命に準えて漢新革命を正統化した。そして、天子として即位するために符命を利用して、天命を語った。しかし、今文学に比べて論理的とされる古文学の正しさを符命が証明することはなかった。春秋公羊学派が中心となって偽作した符命と古文学とでは、そもそも学問の系譜が異なるためである。これに対して、後漢「儒教国家」の白虎観会議では、学問的系譜をともにする今文学と緯書とが一体化し、鄭玄にまで続く漢の儒教の特徴になっていく。このため、「儒教国家」の最終的な成立は、後漢の章帝期まで下ることになる。それでも、周公の「制礼作楽」を規範としながら、儒教と国制との関係を整備し続けた王莽の治世において、「古典中国」は次第に準備されていった。

経義の展開

王莽は、自分の地位の変化に伴い、国制と経書ごとの儒教経義の違いを巧みに利用しながら、自らに有利な形で、そして儒教経義に基づいて国制を定めていく。ここでは明堂《めいどう》という建物における祭祀が、どのように定められていったのかを事例として掲げよう。

経義の違いを明確にするため、最初に明堂に関する経典ごとの解釈を示しておく。

第一に、今文の『礼記』は、明堂を周公が諸侯を集め、その尊卑を明らかにし、さらに成王に代わって践祚した周公の「制礼作楽」を諸侯に伝える場所であったとする（『礼記』明堂位篇）。元始五（五）年十二月、王莽は「居摂践祚」するが、そこまでは周公に倣った「制礼作楽」を目指していた。『礼記』の経義は、その典拠として重要な意味を持つ。

第二に、今文の『孝経《こうきょう》』は、明堂を周公が文王を宗祀《そうし》した場所とし、その孝心の現れを見て、諸侯がそれぞれの土地の産物を持って祭祀の手助けに来たと位置づけている（『孝経』聖治章《せいちしょう》篇）。明堂と周公とを関わらせる点において、『礼記』に近い解釈と言えよう。

第三に、古文の『春秋左氏伝』は、明堂を祖先を祀る祖廟と位置づけている（『春秋左氏経《けい》伝集解《でんしっかい》』文公伝二年）。このように、同じく儒教の経書でありながら、明堂に関する理解は、経書ごとに異なっているのである。

それでは、王莽の明堂祭祀の展開を検討しよう。

元始四（四）年、王莽は、あわせて三雍《さんよう》と呼ぶ、明堂・辟雍《へきよう》［学校］・霊台《れいだい》を建設した。翌元始五（五）年に行った明堂の祫祭《こうさい》［大きな祭祀］には、諸侯王・列侯・宗室の子、あわせて千人以上が、祭祀を助けるために動員された。明堂の祭祀は、諸侯が助けに来るべきものという『孝経』聖治章篇の経義に基づき、このときの王莽は明堂の祭祀を行っていることが分かる。『孝経』だけではない。明堂で祭祀を行う王莽の姿は、群臣に周公が明堂で諸侯を会する『礼記』の経義をも想起させる。ともに今文学の経義としての明堂であった。

平帝が崩御し、王莽に皇帝になれとの符命が下っていた元始五（五）年十二月、群臣は『礼記』に基づく明堂祭祀の経義を踏まえて上奏する。すなわち、『礼記』明堂位篇では、周公が諸侯を集め、成王に代わって践祚した周公の「制礼作楽」を伝える場所が明堂であった。

そこで、諸侯を集めて祭祀を行った王莽は、周公と同様「居摂践祚」する正統性がある、と群臣は上奏したのである。上奏を受けた元太皇太后はこれを許可し、翌年より、王莽の「居摂践祚」が始まる。王莽は、自分を「制礼作楽」する周公に準えるために明堂を建設し、『礼記』明堂位篇の経義に基づいて、自己の地位と政策を正統化したのである。

始建国元（九）年、前年に莽新を建国していた王莽は、明堂の太廟《たいびょう》で祫祭《こうさい》を行った。それには、自らの宗廟建設の遅延が、その背景にあった。王莽は、廟が建設中で祀れない先祖を明堂の太廟で合わせ祀ったのである。ここでの明堂は、『礼記』にいう「制礼作楽」の場ではない。太廟と明記されるように、明堂を祖廟とする『春秋左氏伝』の解釈に基づいている。地皇元《ちこう》（二〇）年にも、王莽は、宗廟の代わりに明堂の太廟で祫祭を行っている。王莽は、即位した後には、古文の『春秋左氏伝』の解釈に基づいて、明堂を運用したのである。

このように王莽は、今文の『礼記』から古文の『春秋左氏伝』の経義へと明堂の解釈を展開することにより、自らの地位の変化に応じて、明堂の役割を変容させている。経義を展開することで、次第に古文学に重点を移しながら、自分の政策を正統化したのである。

『周礼』の尊重

王莽は、『春秋左氏伝』に基づく漢火徳・堯後説と王莽土徳・舜後説を正統性の拠り所としながら、符命に従って皇帝の位に即《つ》いた。劉歆ら儒者だけでなく、それ以外の人々も王莽を支持したのは、前漢末の政治的閉塞感の打破を王莽に求めたためである。したがって王莽は、莽新の建国後、前漢とは異なった政策を施行することで、自らの正統性を示し続ける必要があった。その規範に据えたものが『周礼』である。

『周礼』は、劉歆が名を改めるまで『周官』と呼ばれていたように、天官大宰《てんかんたいさい》・地官大司《ちかんだいし》徒《と》・春官大宗伯《しゅんかんだいそうはく》・夏官大司馬《かかんだいしば》・秋官大司寇《しゅうかんだいしこう》・冬官大司空《とうかんだいしくう》の六人の長官に統率される周の役人たちの職務が規定された書籍である。六つの官府は、それぞれ六十の官職から成る。合計三百六十という職務が、一年の日数に対応している。ただし、冬官大司空の篇は古くに失われ、「考工記《こうこうき》」が補われている。

儒教が次第に国家との関わりを強めるにつれ、礼楽制度は先王により整えられたという思想が力を得てくると、国家の制度を内に含む経書が現れてくる。古くは、『荀子《じゅんし》』に王制篇があり、漢の文帝期に出現したとされる『礼記』王制篇はその代表である。両書は、その「王制」が、どの王朝の制度であるかを明記しない。意識されていたのは周であろうが、職務の記述が、周の制度とは証明できない。自らの思想の反映だからであろう。

これに対して、『周礼』は、そこに記されている制度を周公が定めたものと規定するところに経書としての新しさと、出現時の政治状況の反映がある。古文学は、その成立の古さを主張する立場から、自らの理想を周の制度と言い切る必要があった。また、古文学は、漢を正統化する孔子を尊重する今文学に対して、周公を尊重していた。劉歆は、『周礼』を周公が太平を招来したあり方を記したものであると宣揚した。このため周公にならって「制礼作楽」に努めていた王莽は、『周礼』を深く信仰するに至る。王莽は、『周礼』を典拠に太平の実現を目指し、矢継ぎ早に新政策を打ち出していく。

たとえば、王莽は、支配の根幹を成す税制度を『周礼』に基づいて定めた。漢が収穫の三十分の一から十分の一の田租《でんそ》と、算賦《さんぷ》と呼ばれる成人百二十銭・未成年者二十三銭の人頭税を課していたことは継承しながら、そのほかの税収を規定したのである。前漢末より激化した貧富の差を背景に増加していた耕されない田は「不殖《ふしょく》」と呼び、三戸分の税を課し、城郭のなかで果樹や蔬菜《そさい》を植えない土地を「不毛《ふもう》」と呼び、同じく三戸分の税を課した。これらは、『周礼』地官司徒 載師《さいし》を典拠とする。

また、狩猟・漁労・牧畜をするもの、養蚕・紡績をするもの、工匠《こうしょう》・医巫《いふ》・卜者《ぼくしゃ》などの医術・占術に携わるもの、および商業をするものは、在所の県に申告して、元手を除いた利益を計算し、その十一分の一を貢《こう》として収めさせた。これらは『周礼』の山虞《さんぐ》、林衡《りんこう》、川衡《せんこう》、沢虞《たくぐ》、迹人《せきじん》、卝人《かんじん》、角人《かくじん》、羽人《うじん》、掌葛《しょうかつ》、閭師《りょし》などの内容をまとめたものである。王莽およびその政策立案者が、『周礼』を読み込んで政策に反映していることが分かろう。このほか王莽は、始建国四（一二）年、西周の東西両都を古制とする畿内《きない》制度を敷き、天鳳《てんぽう》四（一七）年、雒陽《らくよう》［洛陽］への遷都を目指している。これらもまた『周礼』に基づく政策であった。

このように、王莽は新を建国したのち、『周礼』に基づく国家体制を指向していく。そして、それまでの間にも、王莽によって、「古典中国」のかたちは徐々に形成されていった。

4 「古典中国」への提言

古典的国制

「古典中国」とは、「儒教国家」の国制として後漢の章帝期に白虎観会議により定められた中国の古典的国制と、それを正統化する儒教の経義により構成される。その形成に最も力を尽くしたものが王莽である。王莽は、劉歆の古文学を積極的に利用して、漢の国家支配を整備しながら、のちの「古典中国」へと受け継がれる政策を次々と打ち出した。

中国における古典的国制とは、『礼記』王制篇と『周礼』および緯書に基づきなされた、祭天儀礼を中心とする諸装置・礼法を呼ぶ。古典的国制への提言は、元帝の初元三（前四六）年の翼奉の上奏を始まりとし、最初の成果である郡国廟の廃止は、永光四（前四〇）年に定まった。成帝期には、天子として最も重要な天地の祭祀方法として南北郊祀が提起され、

図表5－1　古典中国への国制改革（渡辺信一郎『中国古代の王権と天下秩序』による）

事項	提案者	提案年次	復活・確定年次
①洛陽遷都	翼奉	初元三（前四六）年	光武・建武元（二五）年
②畿内制度	翼奉	初元三（前四六）年	王莽・始建国四（一二）年
③三公の設置	何武	綏和元（前八）年	哀帝・元寿二（前一）年
④十二州牧の設置	何武	綏和元（前八）年	光武・建武十八（四二）年
⑤南北郊祀	匡衡	建始元（前三二）年	平帝・元始五（五）年
⑥迎気（五郊）	王莽	元始五（五）年	平帝・元始五（五）年
⑦七廟の合祀	貢禹	永光四（前四〇）年	平帝・元始五（五）年
⑧官稷（社稷）	王莽	元始三（三）年	平帝・元始三（三）年
⑨辟雍（明堂・霊台）	劉向	綏和元（前八）年	平帝・元始四（四）年
⑩学官	王莽	元始三（三）年	平帝・元始三（三）年
⑪二王の後	匡衡・梅福	成帝期	成帝・綏和元（前八）年
⑫孔子の子孫			平帝・元始元（一）年
⑬楽制改革	平当	成帝期	明帝・永平三（六〇）年
⑭天下の号（国家名）	王莽		王莽・居摂三（八）年

何回かの揺り戻しと哀帝期の反動を経て、平帝の元始五（五）年、王莽により長安の南北郊祀が確定されて、古典的国制は完成する。

渡辺信一郎は、古典的国制の指標として、①洛陽遷都・②畿内制度・③三公設置・④十二州牧設置・⑤南北郊祀・⑥迎気［五郊］・⑦七廟合祀・⑧官稷《かんしょく》［社稷］・⑨辟雍［明堂・霊台］・⑩学官・⑪二王の後・⑫孔子の子孫・⑬楽制改革・⑭天下の号［国家名］の十四項目を挙げる（図表5－1）。これらのなかで、最も重要な郊祀と宗廟の祭祀の策定は、王莽によりなされた。

王莽は、元始四（四）年から、後世より「元始中の故事」と総称される礼制改革に着手する。元始四（四）年には、⑨辟雍・明堂・霊台を起こし、元始五（五）年には、⑤南北郊祀・⑦七廟合祀を確立し、⑥迎気［五郊］を定め、⑧官稷［社稷。土地神と穀物神を祀る］を立てた。これら「元始中の故事」のうち、後世に最も大きな影響を与えたものは、⑤南北郊祀と⑦七廟合祀である。

元帝期から開始された、儒教の経義に基づき天地の祭場を長安の南北の郊外に定めようとする動きは、哀帝により「漢家の故事」に従って甘泉《かんせん》［天の祭祀］・汾陰《ふんいん》［地の祭祀］へと戻されていた。王莽は、こうした右往左往に終止符を打ち、南北郊祀を確立する。王莽は、甘泉・汾陰の祭祀、および雍《よう》の五時《ごじ》［秦が天を祀っていた、漢もそれを継承］を廃止し、長安の南北郊とした上奏文において、いずれも今文系の『孝経』聖治章篇・『礼記』曲礼《きょくらい》篇下・『春秋穀梁伝』哀公元年をその正統性を示す論拠として引用する（『漢書』郊祀《こうし》志下）。たとえば、王莽は、官稷では古文学の『春秋左氏伝』を典拠としていたが、元始年間においては、常に古文学のみに従っていたわけではない。

古典的国制と古文学

それでも王莽は、最も重要な南北郊での祭礼の改制については、古文系の『周礼』を重視している。王莽の祭礼の提言は、第一に、『周礼』大司楽《だいしがく》篇に基づき、天地の祀りの際の合《ごう》楽《がく》［黄帝・帝堯・帝舜・禹《う》王・湯王・武王の六代の楽を演奏すること］を述べ、天地をあわせ祀ることを正統化する。第二に、『礼記』祭義《さいぎ》篇に基づき、天地の祀りには犠牲のほか、黍《きび》と稷《たかきび》を供えることを述べる。第三に、『周礼』大司楽篇に基づき、天地の祀りの際の別楽《べつがく》［六代の楽のうち、それぞれ一代の楽を用いること］を述べ、冬至の日に南郊で天を、夏至の日に北郊で地を、そして正月には南郊で天地を合祭することの典拠とする。第四に、『周易』説《せっ》卦《か》伝に基づき、冬至の南郊での祀りには、太陽などのもろもろの陽神を望祭《ぼうさい》［遠くに望みながら祀ること］し、夏至の北郊での祀りには、月などのもろもろの陰神を望祭することを述べるものであった（『漢書』郊祀志下）。

このように、王莽は、郊祀の具体的な祭礼を『周礼』大司楽篇を中心に定めている。王莽は、成帝期より議論が繰り返されていた⑤南北郊祀を確立したあとに、新たなる祭祀の規範として『周礼』を用いているのである。

また前述したように、皇帝の祖先を祀る宗廟の⑦七廟合祀については、何代前までの祖先を祀るのか、傍系から皇帝位を継承した場合、皇帝に即位していない実父のための廟を建てるべきなのか否かをめぐって、元帝期より論争が行われていた。

成帝のとき、孔光と何武《かぶ》は、太祖廟［高祖劉邦］・太宗廟［文帝］のみを不毀廟とし、武帝の廟は親《しん》が尽きたので毀つべきであるとした。これに対して、劉歆と王舜《おうしゅん》は、武帝の廟を世宗廟として不毀廟にすべきこと、および不毀廟の数に制限はなく、七廟の数のなかに含まれないことを主張する。『漢書』韋玄成伝によれば、その際、劉歆は、七廟合祀の典拠として『礼記』王制篇と『春秋穀梁伝』僖公《きこう》十五年の条を掲げている。そのうえで、「宗《そう》」［祖とともに不毀廟に贈られる廟号］の数には制限はなく、「宗」は七廟のなかには含まれないとする独自の主張の部分では、『春秋左氏伝』の荘公伝十八年、襄公伝二十六年を論拠として、世宗となる武帝廟を不毀廟とすべきことを説いた。劉歆の独創的な主張の拠り所は、古文学である『春秋左氏伝』に置かれているのである。成帝を嗣いだ哀帝は、劉歆らの議に従い、武帝廟を不毀廟と定めている。

それでも、論争は続き、最終的に⑦七廟合祀が確立したのは、元始五（五）年、王莽が上奏して、宣帝の父（史皇孫）の廟を毀つ［祧廟《ちょうびょう》に木主を移す］と定めたことによる。南北郊祀と同様、七廟合祀も、王莽が確立したのである。その際、王莽が宗廟に関するいかなる学説を典拠にしたのか、『漢書』に記録はない。王莽の宗廟理解を示すものは、莽新を建国したあと、自らの宗廟を作りあげた際の記事である。

> （王氏の）九廟は、一を黄帝太初祖《たいしょそ》廟［⑴黄帝］といい、二を帝虞始祖昭《ていぐしそしょう》廟［⑵虞舜］といい、三を陳胡王統祖穆《ちんこおうとうそぼく》廟［⑶胡公］といい、四を斉敬王世祖《せいけいおうせいそ》昭廟［⑷敬仲］といい、五を済北愍王王祖《せいほくびんおうおうそ》穆廟［⑸田安］という。（これら）五廟はすべて不毀廟である。六を済《せい》南伯王尊禰《なんはくおうそんでい》昭廟［⑹王遂］といい、七を元城孺王《げんじょうじゅおう》尊禰穆廟［⑺王賀］といい、八を陽平《ようへい》頃王戚禰《けいおうせきでい》昭廟［⑻王禁］といい、九を新都顕王《しんとけんおう》戚禰穆廟［⑼王曼］という。
>
> 『漢書』王莽伝下

王莽は、地皇三（二二）年、自らの九廟を作りあげた。天子であっても七廟であるべきにもかかわらず、九廟と成し得たのは、不毀廟［王莽の場合は、⑴から⑸まで］を親が尽きれば毀つべき廟に数えないためである。⑼父［王曼］・⑻祖父［王禁］・⑺曽祖父［王賀］・⑹四世祖［王遂］は、親が尽きれば毀つ四親廟である。王莽は、『春秋左氏伝』の経義に基づく劉歆の説に従って、自らの宗廟を樹立している。⑦七廟合祀の確立の際にも、王莽の主張の論拠は劉歆の学説にあったと考えてよい。

⑤南北郊祀の具体像を定めた『周礼』とともに、古文学に属する『春秋左氏伝』は、後出のために完成度が高く、「漢家の故事」に囚われない理念を提供することができた。王莽は、これを典拠とすることで、揺れる漢家の制度を正し、来るべき莽新の新たなる世の規範を示し得たのである。

このように王莽は、前漢において議論が重ねられてきた天子の天地祭祀と皇帝の祖先祭祀を⑤南北郊祀と⑦七廟合祀として確立し、中国における天子による天地祭祀、皇帝による祖先祭祀の基本を作りあげた。その際、典拠の中心に置いた経義は、前者が『周礼』、後者が『春秋左氏伝』と、いずれも古文学であった。古文学の完成度の高さと「漢家の故事」に囚われない普遍性が、新たなる規範を創出するうえで有利に働き、その政策を後世に継承させたのである。

井田の理想

儒教に基づく国家支配の三本の柱は、「封建」「井田」「学校」である。王莽は、五等爵の

「封建」を行い、中央官制を序列化し、地方官の世襲を目指した。また、「学校」としては太学に古文学の博士を置き、『周礼』や『春秋左氏伝』の宣揚と普及に努めた。「井田」は、土地を均等に分与するという儒教の理想である。周の井田を伝える文献のなかでは、『孟子』が最も有名であるが、王莽の「井田」政策である王田制は、周の井田法を規範に、始建国元（九）年より、開始される。

王田制は、秦によって井田が破壊された結果、貧富の差が拡大したとの認識を前提とする。封建が秦に破壊されたように、井田もまた秦に破棄された、とするのである。漢は、秦に比べれば田租を軽減したものの、実質的な税負担は十分の五にも及ぶ。このため、貧富の差が拡大していると王莽は考える。なお、『漢書』食貨志上に収録される董仲舒の井田思想も、秦の孝公に仕えた商鞅の改革により井田制が廃止され、貧富の差が拡大したとの認識から述べられている。それでは、王莽の王田は、秦に破壊された公田を復活する根拠をどこに求めたのであろうか。

予は前に大麓《たいろく》におり、始めて天下の公田を人ごとに井田として分けさせた。そのときには嘉禾《かか》［めでたい稲穂］の瑞祥もあったが、反乱する異民族と逆賊があったため、しばらく止めていた。いま改めて天下の田を名付けて王田といい、奴婢《ぬひ》を私属《しぞく》といい、ともに売買できないようにせよ。（井田の一区画で）男子が八人に満たず、田が一井の分を過ぎるものは、余分の田を分けて九族・隣里・郷党に与えよ。もともと田を持たず、いま田を受けるものは、制度のとおりとせよ。『漢書』王莽伝中

「大麓」とは、舜が試練に耐え、堯から禅譲を受ける契機となった土地である。舜の後裔と称する王莽は、その場所で、「公田」を分配して瑞祥があったことを拠り所に、王田制の施行を命じた。王田制は、『孟子』の井田制の特徴である「公田」、「八」家、「一井」という字句を用いているように、『孟子』を典拠とする。

ただし、『孟子』は、九百畝の土地を百畝の公田を残して八家で均分するという考え方を伝える（『孟子』滕文公《とうぶんこう》篇上）。これに対して、王田制は、井田のなかに公田を設ける、という発想は継承していない。『孟子』を典拠としながらも、「制度のとおりとせよ」という最後の文言に示されるように、飢饉のときなどに、農民に公田を耕させた漢代の公田分与を前提としている。王莽の井田思想が漢代の制度に合わせて展開されたことを理解できよう。

王莽が掲げるこうした井田の理想と、王莽の爵制に基づく封土の段階的な所有や官職の世襲は、必ずしも矛盾しない。すでに述べたように、井田を代表とする中国における「均田」とは、生物的人間一人ひとりの土地保有の平等ではなく、社会的身分体系に位置を占める一

人ひとりの土地保有の均衡を意図するものだからである。哀帝の限田策はそれを考慮せず、土地所有を一律三十頃［約五四・六ヘクタール］以内に限定しようとした。大土地所有者の力を考慮しなかった限田策は、何の成果を挙げることなく、土地所有の格差は広がるばかりであった。

王莽は、限田制の失敗を見ながら、「均田」の制の広汎な基盤を成す農民に給付される一頃＝百畝の土地所有を王田制で再建するとともに、五等爵に基づき、公＝方百里［約十七万一九九二ヘクタール］、侯・伯＝方七十里、子・男＝方五十里、附城の九成＝方三十里という、同一身分・階層内における均等土地所有を確立しようとした。爵制に基づく「均田」の制の広範な底辺に王田制を施行し、五等爵制に基づき身分制的土地所有を定めることで、貧富の差の拡大による国家支配の崩壊を乗り切ろうとしたのである。

しかし、王莽の努力にもかかわらず、国家財政が立て直ることはなかった。王莽の政策は、儒教の理想時代である周の制度を『周礼』を典拠に復興しようとするもので、儒教としてはそれなりの正統性を持っていた。しかし、やみくもに周制を復古することは、当時の現実を無視するものであった。王田制は、土地を給付される農民には歓迎されたが、大土地を所有する豪族の利益を損ない、大きな反発を受けた。また外交政策でも、儒教の華夷思想に基づき、匈奴や高句麗《こうくり》に渡していた王の印象を取りあげ、「降奴服于《こうどふくう》」「下句麗侯《げくりこう》」という称号を押しつけたので、かれらの怒りを買い、離反を招いた。しかも一つの改革が行き詰まると、直ちに別のものに改めるなど、立法に一貫性を欠いたため、混乱を大きくし、不信感を強くした。こうして赤眉の乱を契機として、各地の豪族たちが蜂起し、新は建国後わずか十五年で滅亡したのである。

第六章　「儒教国家」の成立

「古典中国」の形成

1　光武帝の中興

劉秀の台頭

後漢を建国した光武帝劉秀は、前漢景帝の子長沙定王《ちょうさていおう》劉発《りゅうはつ》の子孫であり、劉秀の代には荊州《けいしゅう》南陽《なんよう》郡の豪族となっていた。太学に遊学した劉秀は、儒教のなかで『尚書』という政治に関する経典を修めた。中国歴代国家の建国者の中でも、一二を争う教養人である。自ら軍を率い先頭に立って戦うタイプではない。事実、兵を率いて立ちあがったものは、兄の劉縯《りゅうえん》であった。劉秀は兄から、いつも農業に従事していることを馬鹿にされていた。

劉縯が挙兵したのは、王莽の建国した新［莽新］の政治が乱れていたためである。初始元（八）年、前漢から禅譲を受けて新を建国した王莽は、儒教の経義に基づく理想主義的な政策を推進したが、当時の実情と合わず、混乱だけをまねいた。豪族の大土地所有に苦しむ小農民を守るため、周の井田制をモデルに王田制を創設、大土地所有を制限して、奴婢の売買を禁止したが、一片の政令で豪族が土地を放棄するはずはない。こうした現実離れした政策を嫌って、次第に各地で反乱が勃発した。中でも劉邦の孫の城陽景王劉章への信仰を紐帯《ちゅうたい》とし、漢の復興を願って火徳のシンボルカラーである赤に眉を染めた赤眉の乱、荊州の緑《りょく》林《りん》に集まった農民が起こした緑林の乱は、有力な反乱勢力であった。

地皇三（二二）年、王莽打倒のため兵を起こした劉縯は、緑林の流れを汲む新市《しんし》・平林《へいりん》の兵と合流したが、小長安《しょうちょうあん》の戦いで敗れる。そこで、さらに下江《かこう》の兵とも合流し、納言将《のうげんしょう》軍《ぐん》の荘尤《そうゆう》（厳尤）、秩宗将軍《ちつそうしょうぐん》の陳茂《ちんぼ》が率いる莽新軍を破り、荊州の拠点宛城《えんじょう》を包囲するほど勢力を伸張させた。ところが、新市・平林や下江の兵たちは、軍事能力が高く指導力も強い劉縯を恐れた。そこで更始元（二三）年二月、劉縯の本家筋で族兄にあたり、はやくから平林の兵に合流していた、凡庸な劉玄《りゅうげん》を立てて更始帝《こうしてい》とし、劉縯を大司徒、劉秀を太常・偏《へん》将軍《しょうぐん》として、その功績を横取りした。

一方、王莽は、地皇四（二三）年、大司空の王邑《おうゆう》、大司徒の王尋《おうじん》に百万の大軍を率いて、更始帝の討伐に向かわせた。劉秀は、陽関《ようかん》で迎撃を試みたが、兵力差があるため、昆陽城《こんようじょう》で守りを固めた。そののち十三騎を率いて城外に出て、兵を集めて昆陽に戻った。劉秀は決死の覚悟を示すため、意外にも先頭に立って戦い、わずかな兵力で、王邑・王尋軍の迎撃部隊を撃破した。そして、宛城が陥落して劉縯らの援軍が到着する、との偽情報を流すと、決死の兵三千を率いて、王邑・王尋軍の本陣を衝き、王尋の首を取った。城中の兵も打って出たため、王莽軍は総崩れとなった。

劉秀が天下分け目の昆陽の戦いで勝利をおさめたことにより、王莽の権威は地に堕ちた。

やがて、王莽は長安で反乱を起こした豪族に殺害される。それでも、劉秀には苦難の道が続いた。兄の劉縯が、更始帝に殺害されていたのである。劉秀と別れ、更始帝とともに宛城を攻撃していた劉縯は、昆陽の戦いの三日前、宛城を陥落させていた。劉秀は、それを知らずに、劉縯からの援軍が到着する、との偽情報を流したのである。ところが、宛城の攻撃にも抜群の功績を挙げた劉縯は、更始帝に警戒され、無実の罪で殺害された。昆陽の英雄劉秀は、宛城に至ると身を屈して兄の罪を詫び、許しを請うた。劉秀の態度に恥じ入った更始帝は、劉秀を破虜大将軍《はりょだいしょうぐん》に任命する。昆陽の勝利により支持を拡大した更始帝は、洛陽・長安を占領することができた。しかし、こうした内紛もあって、河北《かほく》には前漢成帝の子と偽る占い師の王郎《おうろう》が台頭するなど、更始帝が中国を統一することはできなかった。

河北を基盤

劉秀はそのころ、更始帝の命により、少数の部下とともに河北を従えつつ、薊《けい》［北京］に至っていた。急速に台頭した王郎は、劉秀の首に十万戸の諸侯とするという懸賞をかけ、兵の少ない劉秀を捕らえようとした。孤立した劉秀は野宿を続け、名将の馮異《ふうい》が薪を運び、軍師の鄧禹《とうう》が火を起こして、豆粥や麦飯で寒さと飢えを凌いだ。やっとの思いで信都太守《しんとたいしゅ》の任《じん》光《こう》に迎えられた劉秀は、次第に勢力を回復したが、王郎を倒すだけの兵力は整わなかった。

そこで、王郎の配下で十余万の兵力を持っていた真定王《しんていおう》の劉揚《りゅうよう》に接近する。劉揚の妹が郭《かく》昌《しょう》に嫁いで生んだ郭聖通《かくせいつう》を娶ることで、劉揚を味方につけたのである。これを見た上谷太守《じょうこくたいしゅ》の耿況《こうきょう》と漁陽太守《ぎょようたいしゅ》の彭寵《ほうちょう》は、それぞれ将軍の呉漢《ごかん》と寇恂《こうじゅん》を派遣し、精強な遊牧騎馬民族を主力とする烏桓突騎《うがんとっき》を率いて応援に向かわせた。更始帝もまた、申し訳程度に尚書僕射《しゅうしょぼくや》の謝躬《しゃきゅう》を派遣、劉秀と協力させた。

こうして陣容を整えた劉秀は、更始二（二四）年、王郎の拠点であった邯鄲《かんたん》を陥落させ、王郎を誅殺した。王郎側の文書を押収すると、劉秀の配下が内通を約束した書簡が数千通も発見された。劉秀は見向きもせず、諸将軍を集めると、これらの文書を焼き、「不安にかられているものを安心させよう」と言った。後漢末、建安《けんあん》五（二〇〇）年に天下分け目の官渡《かんと》の戦いに勝利をおさめた曹操もまた、袁紹《えんしょう》の陣営から配下が内通を約束した書簡を多数発見した。曹操は、「袁紹が盛んなときは、わたしでも心配でならなかった。まして、普通の人では」と言って、それらをすべて焼いたという。三国志の英雄にとって、劉秀がその行動を模範とすべき、最も身近で偉大な英雄であったことを理解できよう。

劉秀を恐れる更始帝は、劉秀を蕭王《しょうおう》に封建して、すべての軍事権を剝奪し、長安に呼び戻そうとした。しかし、劉秀は、河北の平定が完了していないことを理由に応じなかった。『後漢書』の光武帝紀は、このとき初めて劉秀は更始帝への離反の意志を持った、とこれを評している。
こののち劉秀は、銅馬《どうば》の賊を降して、さらに兵力を増強する。やがて河北を平定すると、部下は皇帝への即位を勧進《かんじん》した。劉秀は、『赤伏符《せきふくふ》』という讖記《しんき》［予言書］に基づき、即位を受諾し、元号を建武と定めた（建武元〈二五〉年）。のちに光武帝と諡される。

同年、更始帝は西進してきた赤眉に降伏した後、殺害された。その赤眉もまた、食糧が尽きたために、山東への帰還を図る。建武三（二七）年、光武帝は、大司徒の鄧禹と征西大《せいせいだい》将軍《しょうぐん》の馮異を派遣して、赤眉を撃破、降伏させて配下に組み入れた。建武六（三〇）年に山東を平定すると、建武八（三二）年には、隴西《ろうせい》に親征して隗囂《かいごう》を破り、建武十（三四）年、子の隗純を降伏させた。そして、「隴を得て蜀を望」み［望蜀という熟語の語源］、建武十二（三六）年、蜀の公孫述《こうそんじゅつ》を滅ぼして、中国を統一したのである。

光武帝は、南陽郡の出身でありながら、自らの拠点をあえて河北に定めた。北方民族に近いため、烏桓突騎などの強兵が得られ、赤眉の乱の被害もさほど大きくなかったことによる。若いころに、「仕官するなら執金吾《しつきんご》［首都警察長官、衣装の見栄えがいい］、妻を娶らば陰麗《いんれい》華《か》」と言っていた愛妻の陰麗華を差し置いて、即位時には郭皇后［郭聖通］を立てたのも、河北の実力者である劉揚の協力を得るためであった。こうした河北を拠点とする戦略は、後漢末の袁紹に受け継がれる。河南の汝南《じょなん》郡出身であった袁紹も、自らの中国統一策として、河北を基盤とした後に、黄河の南を征服することを掲げている。曹操だけではなく袁紹もまた、光武帝を自らの行動規範としていたのである。

讖緯思想の尊重

漢を中興した光武帝は、軍事拠点の長安ではなく、文化の中心地である雒陽（洛陽）を首都として、軍備縮小政策を取り、功臣から軍権を奪って儒教を学ばせた。光武帝が儒教を尊重したのは、自ら『尚書』を修めていたためだけではなく、当時の国家の正統性に、儒教が大きな役割を果たしていたことによる。

王莽は、本来、漢のために形成されたはずの讖緯《しんい》思想、とりわけ瑞祥とともに出現する符命を巧みに利用した。王莽が漢に代わることを孔子が祝福している、という符命を利用して、新を建国したのである。王莽だけではない、公孫述は、「漢に代わるものは当塗高《とうとこう》［公孫述のこと。塗は「みち」で述〈術〉に通じる］である」という讖文を掲げて蜀に自立し、真定王の劉揚は、「赤九《せきく》［漢の九代目の光武帝］の後、癭揚《えいよう》［癭という病気を持つ劉揚］が主君となる」という讖文を掲げて、光武帝への反乱を企てた。すでに河北を安定的に支配していた光武帝は劉揚を誅殺し、やがて郭皇后を廃して陰麗華を皇后とする。しかし、光武帝もまた、『赤伏記』の「劉秀が兵を起こして不道のものを捕らえ、……火（徳の漢）が再び天下の主となる」という讖文を拠り所に即位しているだけに、儒教から生まれた讖緯思想を放置すれば、政権は安定しない。

そこで、光武帝は、緯書を整理して後漢の正統性を示すものだけを天下に広め、自らが認める讖緯思想を含んだ儒教を漢の統治を支える唯一の正統思想として尊重した。功臣だけではなく、豪族にも郷挙里選《きょうきょりせん》という官僚登用制度の運用により、漢を正統視する儒教を学ばせたのである。この結果、後漢では、太学に五経博士が置かれるなど制度的に儒教が尊重されるだけでなく、官僚にも豪族にも儒教が浸透し、国家を正統化する理論を備えた儒教が統治の場でも用いられる「儒教国家」が形成されていく。後世の儒者、たとえば明清《みんしん》の考証学者たちが、後漢を儒教に基づいて統治された理想的な国家と考え、光武帝を高く評価するのは、このためである。

しかし、後漢以外を正統視する讖緯思想が、滅んだわけではなかった。公孫述が支配した蜀には、「漢に代わるものは当塗高である」という予言が残り続けた。後漢末の群雄の中で、最も早く皇帝を称した袁術《えんじゅつ》は、「当塗高」の「塗〔みち〕」を自らの字の「公路《こうろ》」の「路」に該当するとし、皇帝への即位を正統化した。曹操の子曹丕《そうひ》もまた、後漢から禅譲を受けて魏を建国する際に、「赤（漢）に代わるものは魏の公子《こうし》（曹丕）である」「当塗高なるものは魏である」という讖文を利用している。蜀漢が衰退する中で、譙周《しょうしゅう》も漢に代わる「当塗高とは魏である」と主張する。蜀漢を建国した劉備や諸葛亮から見れば、こうした讖緯思想を見事に押さえ込んだ光武帝は、尊敬して已まない存在であった。

後漢を建国した光武帝は、一度《ひとたび》滅びた漢を復興し、功臣を殺さず、軍備を縮小し、二百年の太平の礎《いしずえ》を築いた名君であるばかりでなく、三国志の英雄たちに大きな影響を与え続けた、理想の君主だったのである。

2　虎穴に入らずんば虎子を得ず

西域経営

光武帝を嗣いだ明帝《めいてい》［劉陽《りゅうよう》］は、光武帝の愛妻陰麗華の子である。だが、光武帝は当初、河北を拠点とするため郭皇后を立てていたので、皇太子には、郭皇后の子の劉彊《りゅうきょう》が選ばれていた。建武十七（四一）年、郭皇后に代わって陰皇后が立てられると、劉彊は皇太子を辞したい、と何度も願い出た。ようやく建武十九（四三）年、皇太子劉彊は東海王となり、代わって劉陽が皇太子に立てられ、諱を陽から荘に改めた。

皇太子となった劉荘《りゅうそう》［劉陽］は、博士の桓栄《かんえい》に師事し、父と同じく『尚書』を修めた。建武《けんむ》中元《ちゅうげん》二（五七）年、光武帝が崩御すると、劉荘は三十歳で即位する。明帝は、内政では

図表6-1　班超の西域経営

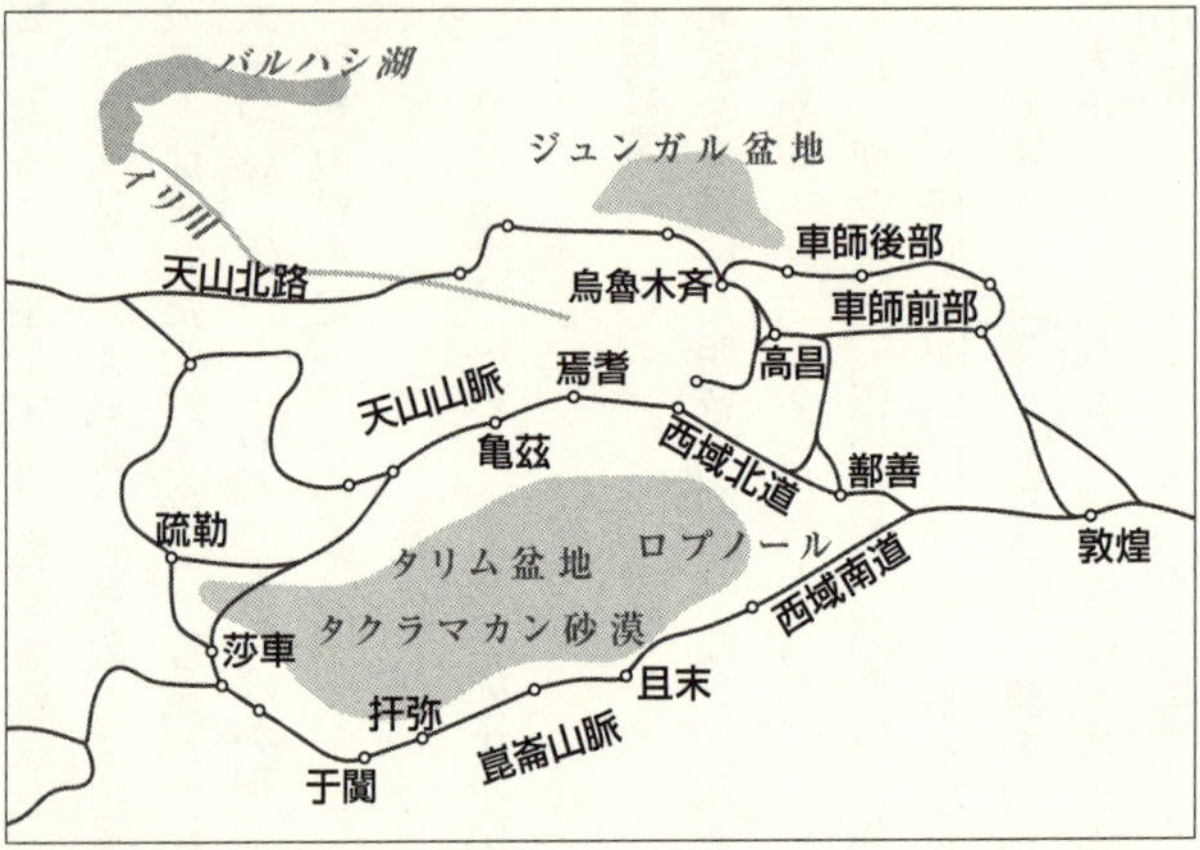

父の「吏治《りち》」［法刑に基づく支配］を継承する一方で、外政では光武帝の消極策を改め、前漢の武帝以来となる西域への積極的な進出を再開した。その中心となったものが班超《はんちょう》である。

　班超は、父の班彪《はんぴょう》のもと、兄の班固とともに『春秋』や『史記』を修めた。永平《えいへい》十六（七三）年、明帝が奉車都尉《ほうしゃとい》の竇固《とうこ》を将として北匈奴の征伐を行うと、班超は仮司馬《かしば》として従軍した。班超は、蒲類海《ほるいかい》の戦いで多くの首級を挙げた。竇固は、班超を評価し、従事の郭恂《かくじゅん》ら三十六人の部下をつけて、漢とともに匈奴と戦うことを求める西域諸国への使者とした。

　鄯善《ぜんぜん》国［楼蘭《ろうらん》］に赴くと、初めは歓迎されたが、次第に扱いがぞんざいになった。北匈奴の使節団が来たのである。班超は、怯える部下に「虎穴《こけつ》に入らずんば虎子《こじ》を得ず」と勇気づけると、北匈奴の使節団を攻撃して、これを殺害した。これにより鄯善国は、漢に降伏した。そののち班超は、于闐《うてん》国［ホータン］王の広徳《こうとく》を降伏させ、疏勒国《そろく》［カシュガル］に到着した。班超は、北匈奴の味方をしていた亀茲国《きゅうじ》［クチャ］王の建《けん》により疏勒王に立てられていた亀茲左侯《さこう》の兜題《とうだい》を捕らえ、建に殺された前疏勒王成《せい》の兄の子である忠《ちゅう》を立てて疏勒王とした。こうして班超は、西域南道《せいいきなんどう》を制圧した。

しかし、明帝が崩御する永平十八（七五）年、従っていた西域北道《せいいきほくどう》の焉耆《えんき》国［カラシャール］は漢に叛き、西域都護《せいいきとご》となっていた陳睦《ちんぼく》を殺害、亀茲国・姑墨《こぼく》国は、疏勒国を攻撃した。疏勒国にいた班超は盤橐《ばんたく》城を守り、疏勒王の忠とともにこれを防いだが、利あらず于闐国に退いた。ふたたび疏勒国に戻ったころには、疏勒城・盤橐城の両城は、亀茲国により陥落、疏勒国は寝返っていた。班超はすぐに反逆者を斬り、疏勒国を取り戻す。

西域平定

明帝の没後、即位した第三代の章帝《しょうてい》［劉炟《りゅうたつ》］は、西域都護を廃止して西域を放棄、班超にも帰還命令を出した。班超は、西域諸国の協力者たちから、「漢軍が引き上げれば、北匈奴が戻り、漢に味方したものが皆殺しにされます」と言われ、残留を決意した。以後五年間、班超は、部下と共に疏勒国に留まった。

図表6-2　後漢皇帝略系図

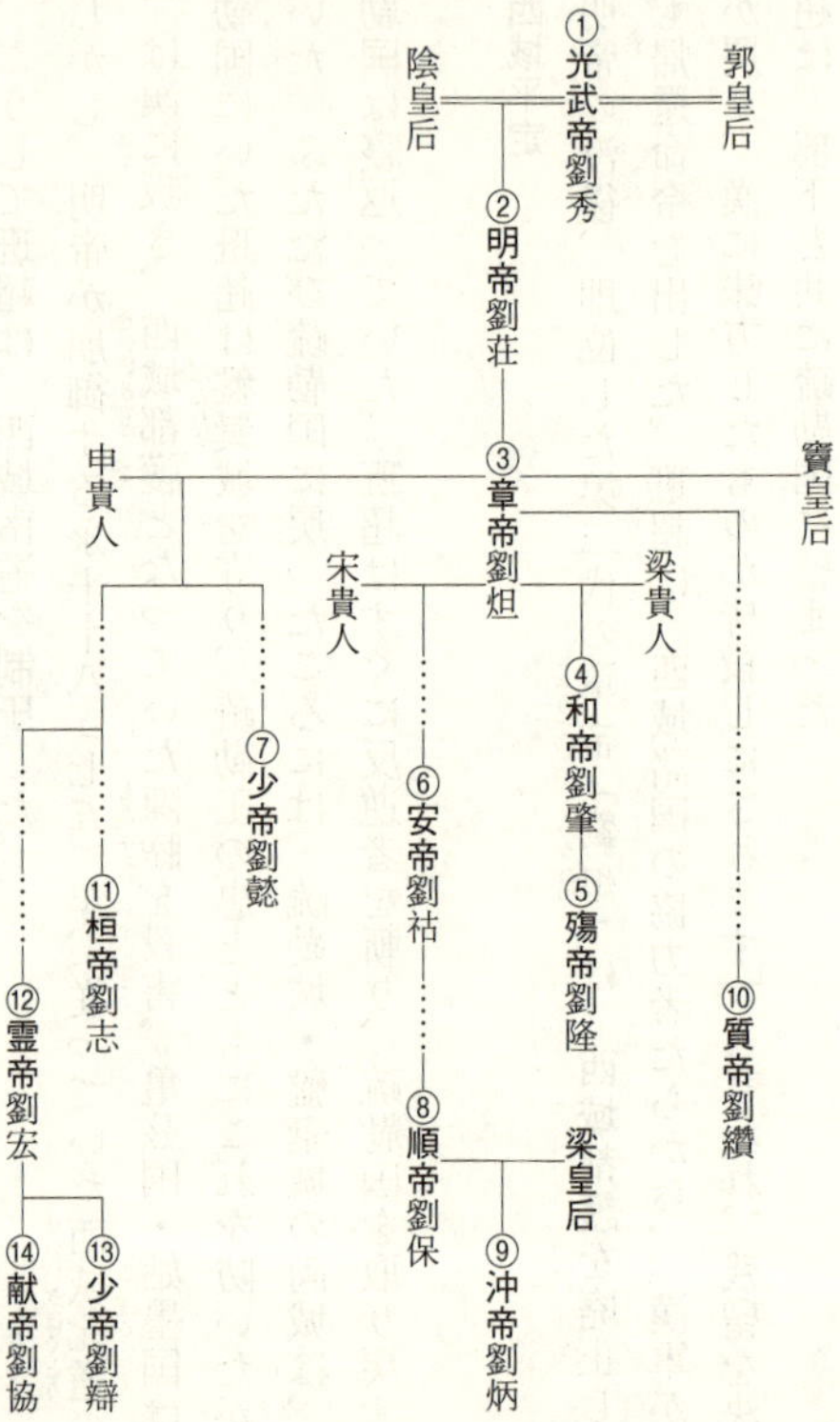

建初《けんしょ》五（八〇）年、章帝より千余人の援兵が送られた。これを受けて、班超は、建初九（八四）年、疏勒国・于闐国の兵を発し、莎車《さしゃ》国「ヤルカンド」を攻撃した。莎車国は陰で疏勒王の忠と内通しており、忠は背いて烏即《うそく》城に立てこもった。班超は、忠の部下の成大《せいだい》を新

たな疏勒王に立て、忠を攻撃する。これに対して、ソグド系の康居《こうきょ》国は、精兵を派遣して、忠を救援したので、班超は忠を降せなかった。そのとき、イラン系のクシャーナ朝［大月氏国］が新たに康居国と婚姻関係を結んだばかりであったので、班超は使者を送って多くの祝い品をクシャーナ王ヴィマ＝タクト［閻膏珍《えんこうちん》］に贈った。これによって康居王は兵を退け、班超は忠を捕らえて烏即城を陥落させることができた。

章和《しょうわ》元（八七）年、班超は、莎車国を攻撃し、救援に来た亀茲・温宿《おんじゅく》・姑墨・尉頭《いとう》の西域諸国連合軍を撃破した。これにより、莎車国は、後漢の支配下に入った。同年、クシャーナ王ヴィマ＝タクトは、使者を送り、漢に扶抜《ふばつ》［シマウマ］・師子《しし》［ライオン］を献上する。使者は、漢の公主を王に降嫁させるよう求めたが、班超は拒否して使者を追い返した。永元《えいげん》二（九〇）年、求婚を断られたクシャーナ王が班超を攻撃すると、班超は持久戦により撃退した。これ以降、クシャーナ朝は後漢に毎年貢献するようになる。永元三（九一）年、班超は亀茲国を攻撃して、降伏させた。班超は、亀茲国王の尤利多《ゆうりた》を廃位して、新しく白覇《はくは》を立てた。こうして班超は、亀茲国の它乾《たかん》城に常駐し、長史の徐幹《じょかん》を疏勒国に駐屯させた。章和二（八八）年に崩御した章帝に続く第四代の和帝《わてい》（劉肇《りゅうちょう》）は、西域都護府を復活させ、班超を西域都護に任じた。

永元六（九四）年、班超は、焉耆国・危須《きしゅ》国・尉犁《いり》国・山国を撃破し、焉耆王と尉犁王を

図表6－3　1～2世紀の世界

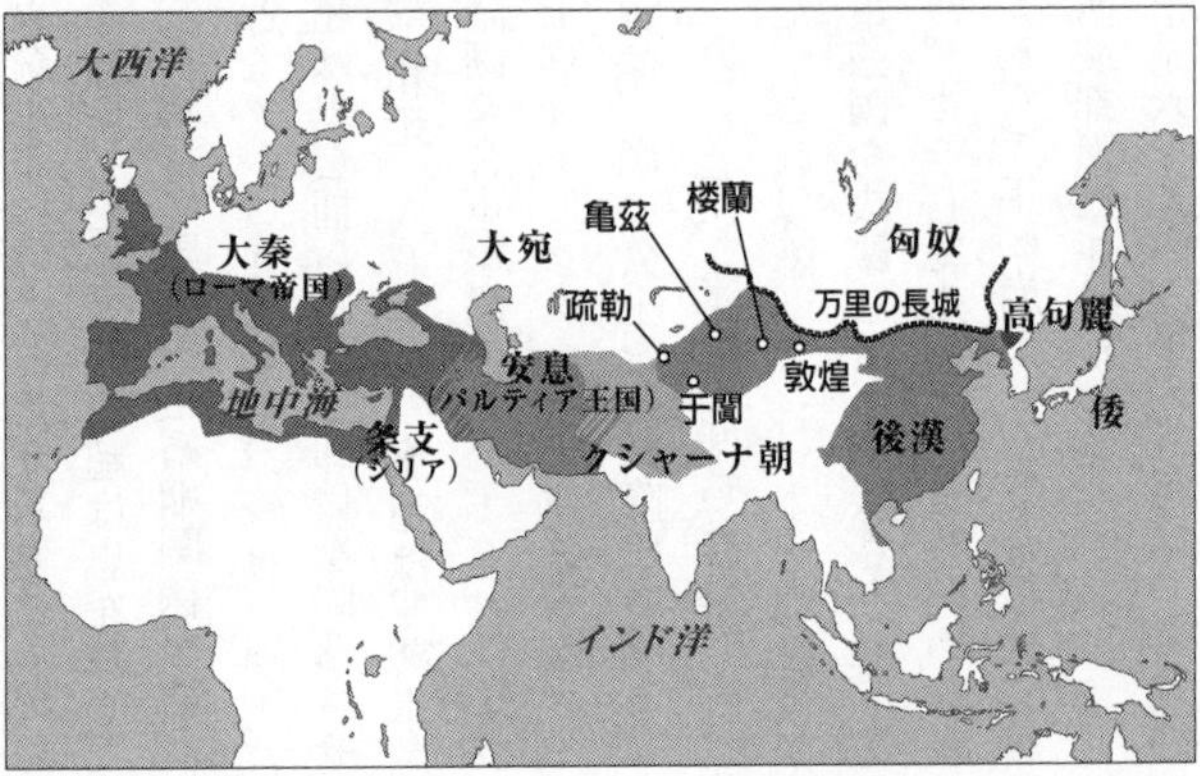

斬首した。これにより西域の五十余国は後漢に内属し、西域は平定されたのである。

ローマに遣使

班超は、永元七（九五）年、西域平定の功績により、定遠侯《ていえんこう》に封ぜられた。班超は、さらに西域を安定的に支配するため、西方の大国である大秦［ローマ帝国］と結ぶことを考えた。そこで、永元九（九七）年、部下の甘英《かんえい》を安息《あんそく》［パルティア］を超えて、大秦にまで派遣した。甘英は、条支《じょうし》［シリア］まで到達したものの、その先が大海［地中海］であることを聞いて、引き返したという。それでも、班超の勢威は、西域を圧倒した。後年のことになるが、桓《かん》帝《てい》の延熹九（一六六）年、大秦王安敦［マルクス＝アウレリウス＝アントニヌス］の使者が、日南郡［ヴェトナム中部のユエ］に到着する。その朝貢品は、象牙・犀角《さいかく》・玳瑁《たいまい》［海亀の甲羅］など南海の産物であり、ローマ帝国の正式な使者とは考え難いが、漢とローマという東西の二大帝国が互いを認識した功績は、多く班超に帰せられる。

永元十二（一〇〇）年、班超は、「西域にいること三十一年に及び、故郷の漢が懐かしい」と、和帝に帰国を嘆願した。和帝はこれを許し、永元十四（一〇二）年、班超は洛陽に帰還した。その一ヵ月後、班超は故郷で病死する。享年七十一であった。

班超が去ったのち、西域は、後漢の手から離れる。西域への出口である涼州《りょうしゅう》で羌族《きょうぞく》が反乱を起こしたため、西域への支配力が低下したのである。西域は、北匈奴の残党やクシャーナ朝の影響下に入った。そののち、後漢は、班超の子である班勇《はんゆう》らを派遣して、再び西域諸国を支配した。班超の威光と考えてよい。だが、班勇が西域を去ると、西域諸国は後漢に背き、後漢は西域を確保することができなかった。それどころか、涼州で起きた羌族の反乱を平定できず、「涼州放棄論」も提案される。後漢の対外的な積極策は、班超の死とともに終わりを告げたのである。

3　白虎観会議

寛治

班超を西域に送りだした明帝は、内政では礼制の改革に努めていた。王莽を打倒した光武帝劉秀は、後漢を建国するとともに、王莽が篤く信仰した神秘化された儒教を利用し、図讖《としん》［予言書］を国家の手により整備した。後漢国家の正統性を儒教に求めたのである。後を嗣いだ明帝は、王莽の創設した礼制の改革を目指すが、王莽の尊重した古文学と、これまで漢が尊重してきた今文学の経義を調整する必要に迫られ、改革の成果を経書により正統化するまでには及ばなかった。

明帝の子である章帝は、儒教に基づき寛治《かんち》と呼ぶべき、ゆるやかな統治を推奨するとともに、白虎観会議を主宰して、古文学と今文学の経義を調整する。官学である今文学に古文学の長所を融合したうえで、漢帝国の制度を儒教により正統化し、後漢を「儒教国家」にするとともに、「古典中国」を完成させるのである。

前漢武帝が重用した酷吏のような法律を厳しく適用して豪族を弾圧する統治は、豪族の抵抗を受けて行きづまっていた。これに対して、豪族を弾圧せずに利用する寛治は、章帝の次の詔を起源とする。

建初元（七六）年春正月丙寅《へいいん》、詔を下して、「近年、牛に疾病が多く、墾田は減少し、穀価はたいへん高く、民草はこれにより流亡している。この春の耕作にあたっては、時宜にかなった行いに務めよ。太守は努めて農耕と養蚕を奨励し、弘くねぎらいをかけよ。もろもろの役所の長官は、それぞれ誠実なものを推薦し、人事を急務とせよ。罪が斬首にあたらぬものは、（陰の気が強くなる）立秋を待って取り調べるように。役人は選挙を慎重にし、柔良《にゅうりょう》な人物を薦め、貪猾《どんかつ》なものを退け、時令《じれい》に随い、無実の罪で獄に繫がれたものを（公正に）裁け。「五教は寛にせよ」とは、『尚書』堯典の嘉《よみ》する所、「楽しみやわらぐ君子」とは、『詩経』大雅《たいが》の嘆ずる所である。天下に布告し、高らかに朕の意を知らしめよ」とした。 『後漢書』章帝紀

章帝は、『尚書』堯典に「五教は寛にせよ」とあることを典拠として、農業を勧め、人材を登用し、なるべく刑罰を行わない寛治を励行せよと天下に告げた。続く和帝の永元七（九五）年夏四月の詔にも、「深く多くの事を思うと、五教は寛にせよとの教えのとおり、旧典の孝行・廉潔なものを選ぶ方法［郷挙里選の孝廉《こうれん》］により、人材を求めよ」と継承されてい

る。ここでは、寛治は、郷挙里選の孝廉科《こうれんか》のあり方として具体化している。郷挙里選は、漢代の官僚登用制度であり、郡守［太守。郡の行政長官］と国相は、孝廉科と呼ばれる常挙《じょうきょ》［毎年の定例登用］や賢良科《けんりょうか》・方正科《ほうせいか》・直言科《ちょくげんか》などがある制挙《せいきょ》［国家多難の際に行われる臨時登用］に、人材を推薦できる権限を持っていた。

漢の地方統治の要《かなめ》は、郡であった。郡の行政長官である太守［郡守］は、原則としてその郡の出身者から選任されない。太守の権力が強大であるため、出身母体の豪族との癒着を防ぐための制度である。これを本貫地回避《ほんがんち》の制という。権力を中央に集中させる工夫の一つである。したがって、可能であれば、なるべく遠方の出身者を太守とした。そうなると、方言しか話せない場合には、言葉が通じない可能性もある。このため、郷挙里選など官僚登用制度で採用した官僚候補生は、太守をはじめとする地方の長吏になる前に、中央の郎官［皇帝を守護する親衛隊］を経験させて、共通語の雅言《がげん》［みやこ言葉］を身につけさせた。それでも、現地採用の小吏とは、話が通じないことは多かったであろう。だが、漢字は表意文字であるため、文書により意志を通じることができた。しかし、そうした関係では、太守と属吏《ぞくり》の間に信頼が醸成されず、地方統治が円滑に進まない可能性もある。そこで、章帝は寛治を勧めたのである。

寛治は、寛仁《かんじん》な態度で属吏に臨むことを一つの特徴とする。たとえば、属吏が過ちを犯しても蒲鞭《ほべん》［蒲《がま》のむち。打たれても痛くない］で打ち、恥を感じさせるに止め、属吏が禁令に違反してもその誤りを諭すに止め、もし属吏が職にかなえば酒肴《しゅこう》の礼でもてなした。属吏は、多くがその郡の豪族出身であった。郡内に大土地を所有し、一族・郎党を組織して軍事力を持ち得る豪族の協力を得ることで、言葉も通じ難いような、他郡出身の太守による郡支配が安定していたのである。

豪族の社会的な規制力は、徴税の場面で多く発揮された。たとえば、県の豪族からその寛治を「冬の太陽のような仁恩な支配」と称えられた酸棗《さんそう》県令の劉熊《りゅうゆう》は、その徳政を称えた劉熊碑に、正史に記録されなかった統治方法を記されている。

（劉熊は）賢人を褒《ほ》めて善行を表彰し、隠れた賢者を抜擢して、序列に従って地位に就け、能力を量って職を授けたので、官には仕事を怠《おこた》る者がいなくなった。□を正《せい》となし、卒を更《こう》とした。民草の労苦が均しくないことを哀れみ、そのために正弾《せいたん》を作り、門更《もんこう》を造設した。（このため）富むものはひとり逸楽をせず、貧しきものはひとり□□しなくなった。□四時に順い、和やかで伸びやかな様子に（天は）感じて、歳は豊年となり、賦税は繁雑でなかった。まことに我が劉父は、吏民が愛すること慈父のようで、畏れること神明のようである。

『隷釈』巻五 劉熊碑。前後を略した。□は欠字。

正とは、二十三歳以上の男子に課せられた兵役の義務で、後漢では徭役《ようえき》［労働力を提供する力役。ただ働き］のようになっていた。また、更とは、男女十五歳以上があたる更役《こうえき》［小さな徭役］のことで、前漢後期以降は更賦《こうふ》として三百銭を徴収することが多くなっていた。劉熊は、「正弾」と「門更」を造ることで、正と更の賦役を富むものだけが逸楽をせず、貧しいものだけが苦しまないよう調整した、と碑文は記す。「弾（僤《たん》）」とは、税金負担のための共同組織である。劉熊は、経済力を持つ豪族から、徭役に従事しない代わりに多くの弾銭《たんせん》を出させ、それを徭役を負担する貧民に与えることで、肉体労働［徭役］を避けたい豪族層と、労働をして銭を稼ぎたい貧民の双方の利害を調整したのである。

これは、すべての民を平等に「伍」に組織し、そこに等しく税を課すという、秦の始皇帝が理想とした中央集権的な個別人身的支配ではない。豪族と貧民の階層分化を容認し、それに応じて徴税の負担を調整する、これが儒教的な寛治なのである。

こうして儒教は、一方では後漢国家の豪族を媒介とした支配を正統化し、他方では豪族が在地社会の支配者層としての地位を確立することを正統化した。その核心が寛治という統治方法である。後漢国家は、儒教を媒介として、社会における豪族層の規制力を利用する支配形態を採ることにより、国家支配を円滑なものとしたのである。

後漢「儒教国家」

前漢の武帝期に儒教が国教化された、という「定説」が、班固の『漢書』の記述をそのまま信じたため生じた誤りであることはすでに述べた。それでは、「儒教の国教化」は、いつ行われたのであろうか。これまで、「儒教の国教化」の時期について、日本では、定説とされた前漢武帝期のほかに、①前漢元帝期・②王莽期・③光武帝期・④章帝期が挙げられている。本書は、④章帝期を主張するものであるが、①より検討していこう。

①前漢元帝期を「儒教の国教化」の時期とする福井重雅説の論拠は、元帝期における儒教官僚の三公九卿〔丞相・太尉・御史大夫〈三公〉と諸大臣〈九卿〉という前漢の最高官〕への進出の増加、および儒教の経義に基づく国家祭祀の改革に置かれる。前者については、武帝期には公卿《こうけい》の約二%を占めるに過ぎなかった儒教を学んだ官僚が、元帝期には約二七%に至るという。しかし、三割弱の占有を論拠に、元帝期に「儒教の国教化」を求めることには無理があろう。同様の方法論で、後漢の公卿を調査すると、初期〔光武帝～章帝期〕に七七%、中期〔和帝期～党錮《とうこ》の禁〕に七六%、後期〔党錮の禁～黄巾の乱〕に八三%、末期〔黄巾の乱～〕ですら五一%という数値を得る（渡邉義浩『後漢国家の支配と儒教』）。儒教の公卿への普及を「儒教の国教化」の指標とするのであれば、後漢初期にそれを求めることが相応しい。

後者の儒教経義の政策への反映についても、前漢元帝期は、いまだ儒教の経義の展開が不十分で、漢の国制を規定できていない。すでに述べたように、前漢では、国政を運用する際の先例である「漢家の故事」は、法律と並んで用いられていた。これが後漢になると、故事は経典とともに国政運用の規範として並び用いられていく。儒教経義の国制への反映を指標としても、国教化を元帝期に求めることはできまい。前漢の元帝期以降、天の祭祀方法は、儒教の経義に基づく郊祀と、経義にそぐわない「漢家の故事」である甘泉・汾陰での祭祀との間で、右往左往していた。その混乱を解決した者が王莽である。

②王莽期を「儒教の国教化」の時期とする西嶋定生の論拠は、第一に儒教が国家の政治理論として絶対的な地位を得て、儒家の主張する礼説によって国家の祭祀が改革されたこと、第二に漢帝国の支配者である皇帝の存在を儒教の経義体系の中に組み入れたことに求められる。前者は、宗廟制・郊祀制などの国家祭祀が儒家思想を基準として改廃された前漢後半期から王莽期に完成し、後者は、讖緯説［予言書を重視する思想］を取り入れ神秘主義と結合した前漢末期に求めることができる。したがって、「儒教の国教化」の時期は、前漢の最末期に置かれ、王莽政権は、この「儒教の国教化」を背景に出現し、それを完成させたものと位置づけられる、と西嶋は主張するのである。

また、③光武帝期を「儒教の国教化」の時期とする板野長八《ちょうはち》は、後者の讖緯思想を重視する。光武帝による図讖［予言書、その中でも光武帝の漢再興を予言するもの］の宣布を「儒教の国教化」の指標とするのである。これに対して、②王莽期を主張する西嶋定生説は、長安の南北郊だけではなく、王莽が平帝の元始四（四）年に建設した明堂なども、後漢の光武帝のみならず、後世の基準になったとして高く評価している。

西嶋説・板野説がともに重視する王莽の限界は、儒教を利用して建国した新が、後漢という前漢を継承する国家に、即座に打倒されたことにある。しかも、前漢の簒奪に利用された儒教を後漢はそのままの形で継承したわけではない。たしかに後漢を建国した光武帝劉秀は、建武二（二六）年に郊祀を行う際に、「元始《げんし》の故事」として王莽の祭天儀礼を受け継いだが、それは王莽が定めたそのままの形ではなく、改定を加えて行われている。また、光武帝は、王莽が前漢を簒奪するために利用した讖緯思想や儒教の経義も、そのまま継承することはなかった。光武帝は、讖緯書の選別と経義の整備を行いながら、公孫述を打倒して中国を統一すると、高帝《こうてい》［高祖劉邦］を配食《はいしょく》［天とともに祭祀］する増祀を行うなど、祭祀の改定を続けた。板野説の重視する図讖の宣布は、経義より先に整備が完了した讖緯書を公開したものと考えてよい。明帝は、さらに祭祀の改定を継続している。こうした後漢の国制に即した経義の整備は、明帝期の改革を踏まえて、第三代の章帝が主宰する白虎観《びゃくこかん》会議にまで持ち越される。その結果、思想内容としての体制儒教の整備は、後漢の④章帝期に完成する。

このころには、「儒教の国教化」の主要な指標も満たされている。本書が「儒教の国教化」の時期を④章帝期に求める理由である。

こうした「儒教の国教化」論を行う際に、常に言われることは、ある特定の年代に国教化が行われたわけではなく長い期間を考えるべきである、という当然な指摘と、「国教化」という概念が人によって異なるために、「儒教の国教化」という定義が曖昧になる、という無意味な批判である。前者については、長い期間の中で「儒教の国教化」を考えることは当然としても、たとえば、漢代を通じて儒教は国教化された、という主張が、間違ってはいないが積極的な意味も持たないように、歴史の中で思想の展開を考える際には、ある程度の段階と、最も象徴的となる事件を指摘する必要がある。後者については、中国学が科学であり、「儒教の国教化」が当時使われていた言葉ではなく分析概念である以上、国教化が満たされるべき指標を自分なりの仮説として掲げ、それを実証していく以外に、「儒教の国教化」を論証する方法はない。

かつて刊行した渡邉義浩『後漢国家の支配と儒教』では、それまでの研究で提示されていた、(1)制度的な儒教一尊体制の確立、(2)儒教の公卿層への浸潤、(3)思想内容としての体制儒教の成立、という三つの指標に、(4)支配の具体的な場に儒教が出現する儒教的な支配の確立と、(5)在地勢力の儒教の受容という指標を加え、論証の結果、「儒教の国教化」の時期を章帝期に求めた。その際、新たな指標を加えることにより、従来の研究とは異なる尺度によって「儒教の国教化」を論じること、および「国教化」という概念の多様性を鑑みて、「儒教国家」という分析概念を設定し、「儒教国家」の成立によって、「儒教の国教化」は完成する、と提言した。

本書は、これを継承しながらも⑵と⑸を合わせ、次の四つの指標により「儒教国家」成立の定義を行う。すなわち、「儒教国家」成立の指標は、

①　思想内容としての体制儒教の成立
②　制度的な儒教一尊体制の確立
③　儒教の中央・地方の官僚層への浸透と受容
④　儒教的支配の成立

である。結論を先に示すと、「儒教の国教化」は、大まかに考えて、

1　前漢景帝《けいてい》期から石渠閣《せききょかく》会議まで　　儒教の国教化の開始
2　前漢元帝期から王莽期まで　　儒教の国教化の進展

3　後漢光武帝期から白虎観会議まで　「儒教国家」の成立＝儒教の国教化の完成

の三段階を経て達成された。そのなかで最も重要な画期は、「儒教国家」が成立し、「儒教の国教化」の完成する白虎観会議なのである。

白虎観会議

後漢時代の儒教において解決すべき問題は、王莽期に台頭した古文学と、後漢の官学である今文学との調整にあった。王莽を打倒して、漢を復興した光武帝劉秀は、王莽の正統性を支えた古文学に対抗して、今文学を推奨した。だが、国家の支配のための政治思想としては、強大な君主権を擁護するなど、後出の古文学の方が優れた理論を持っていた。また、学問的にも、訓詁「古典の解釈」に優れる古文学は、無視し得ない勢力である。そこで、前漢の宣帝が行った石渠閣会議に倣《なら》い、後漢の章帝のもとで、両者の見解が討論され、今文学が正統とされた。これが白虎観会議である。会議の討論結果は、班超の兄である班固により、『白虎通』（『白虎通義』）としてまとめられた。

白虎観会議は、建初四（七九）年、章帝の詔を奉じた儒者が、経義の疑義を十名余の諸儒に論議させ、章帝自らが決裁する、という形式で行われた。その討議の結果をまとめた『白虎通』によれば、たとえば首都は、次のように規定される。

王者の京師［みやこ］が、必ず土中《どちゅう》［中国の中心］を択《えら》ぶのはなぜか。教えへの道を均しくし、往来を容易にすることで、善を報告しやすくし、悪を報告しやすくし、懼れ慎しんで、善悪を顧みるべきことを明らかにするためである。『尚書』召誥《しょうこう》篇に、「王はつとめて上帝《じょうてい》をたすけ、自ら土中を治めよ」というとおりである。『白虎通』京師

『尚書』は、光武帝劉秀が太学で修めた経典で、寛治の典拠ともなっていた。その中に記される「土中」とは、西周の東都洛邑［漢の洛陽］をさす。『白虎通』は、「王者の京師は必ず土中」を選ぶと述べ、「土中」の典拠を今文の『尚書』に求めて、後漢が洛陽に首都を置いていることを儒教の経義により正統化しているのである。これまで、たとえば首都をどこに置くのか、という国家の政策を儒教の経典により正統化することはなかった。後漢「儒教国家」は、首都の位置だけでなく、さまざまな国家の政策、あるいは国家や天子の存立の意義そのものを儒教経義により正統化している。

こうして、中国における古典的国制は、章帝期の白虎観会議において経義により正統化された。白虎観会議で「儒教国家」の指標である①思想内容としての体制儒教が成立したころ

には、すでに②制度的な儒教一尊体制は確立し、③儒教の中央・地方の官僚層への浸透と受容も完了していた。そして④儒教的支配としての「寛」治も章帝期より本格化していく。こうして①～④の指標が満たされた章帝期に「儒教国家」は成立し、それとともに、「古典中国」のあり方が儒教によって規定されて、「儒教の国教化」は完成したのである。

その結果を『白虎通』にまとめた班固は、漢のあるべき姿を前漢の歴史として描き出す『漢書』を著している。後世から、『史記』に次ぐ「正史」とされ、その断代史《だんだいし》［一つの国家に区切った史書］が「正史」の典型とされる『漢書』は、本来は儒教経典の『尚書』を継承する著作であった。

4　班固の『漢書』

鑑としての史

「古典中国」となる漢のあり方を後世に伝える書は三つ、前漢の司馬遷が著した『史記』、後漢の班固が著した『漢書』、劉宋《りゅうそう》の范曄《はんよう》が著した『後漢書』である。ただし、『後漢書』のうち、志《し》［制度史］の部分は司馬彪《しばひょう》の『続漢書《しょくかんじょ》』が用いられている。このうち、『史記』と『漢書』は、前漢の建国者である劉邦から武帝までの時期の記述が重複している。『史記』の記述に不満を持つ班固が、あえて重複させたのである。その不満とは何か。それを知るためには、中国において、なぜ「史」を書くのかを考えることから始めねばならない。

儒教経典の一つで、孔子が撰定したとされる『詩経』の大雅《たいが》蕩《とう》には、「殷鑑《いんかん》遠からず、夏后《かこう》の世に在り（殷が鑑として己を照らして反省すべき手本は遠くない、前代の夏の世の末に桀《けつ》王が無道であったことにある）」という、歴史を鑑とする思想が記される。北宋《ほくそう》の司馬光《しばこう》が著した『資治通鑑《しじつがん》』［政治に資する〈役に立つ〉ための通史としての鑑］という書名や、日本の『大鏡《おおかがみ》』など「四鏡」に継承される思想である。『三国志』を著した陳寿《ちんじゅ》と同じ西晉《せいしん》に仕えた杜預《どよ》は、儒教経典の一つ『春秋左氏伝』に集解《しっかい》［経典を解釈する注］をつけ、その序文で次のように述べている。

（聖人が）制作する文章は、それにより過去を明らかにし、未来を考える手だてとするもので、（聖人の）心はその言葉づかいに表れている。『春秋左氏伝注疏《ちゅうそ》』巻一　春秋序

「過去を明らかにし、未来を考える手だてとする（往を章《あき》らかにし、来を考ふ）」という言葉は、これも儒教経典の一つで、占いの解釈をまとめた『周易』繫辞下伝《けいじかでん》を踏まえる。加賀栄治によれば、杜預がここで『周易』を引用したのは、天道と人道を通じて五経の理念を一つ

の体系にしようとする意図を持つ、荊州学派［後漢末に司馬徽《しばき》らが始め、諸葛亮も修めた儒教の学派］の考え方を継承したためである。天道を明らかにし未来の鑑となる『周易』と同様に、人道を描いた『春秋』もまた、未来の鑑と成ることができる。こうして『春秋』は、左氏伝に対する杜預の集解により、人道の鑑たり得る史書であることを確認された。このため、春秋時代は、近年になって新出資料が豊富に出土するまで、主として『春秋左氏伝』に基づき、その歴史が執筆されてきた。

だが、人道の鑑を描く儒教の経典に、近代的な意味での事実に基づく歴史、あるいは客観的に正しい歴史が描かれているのであろうか。『漢書』は、高祖劉邦から王莽に至る時期を扱うが、王莽は列伝として記し、その即位を認めない。すでに事実とは異なっている。それは、『史記』が通史であることに対して、『漢書』は初めて断代史の形式を取ったためである。『漢書』は莽新［王莽の新］の存在を抹殺し、「聖漢」のあるべき姿を描こうとしているのである。

『漢書』の執筆は、班固の父の班彪が司馬遷の『史記』を書き継いだ『後伝《こうでん》』に始まる。班彪の伯父班斿《はんゆう》が、劉向とともに秘府《ひふ》［宮中書庫］の校書［本の校勘整理］にあたり、朝廷から秘府の副本を下賜されていたことは、それを可能にする条件の一つであった。

班固は、父の死後、『後伝』の整理・続修を始めたが、「密かに家で国史を改作している」

と密告され、獄に繋がれて著作と蔵書を没収された。西域で活躍した弟の班超が助命の上書を行い、また明帝が班固の著作の出来ばえに感心したこともあって、やがて釈放される。班固は、蘭台令史《らんだいれいし》［史官］に任命されると、世祖《せいそ》本紀［後漢の建国者光武帝の本紀］、ついで列伝・載記を撰述する。そして明帝の命により、『漢書』の本格的な執筆を開始し、以後二十年の歳月をかけ、章帝の建初年間（七六～八四年）にとりあえずの執筆を終えた。

班固は、章帝期には、宮中で進講にあたり、また天下の儒者が五経の異同や解釈について討議した白虎観会議の記録を『白虎通』としてまとめた。また、竇皇后の兄である大将軍竇《とう》憲《けん》のもと、北匈奴の討伐にも従軍している。しかし、永元四（九二）年、和帝が、専権を振るう竇憲一派の逮捕を命ずると、竇氏一族の娘を娶っていた班固も連座して獄死する。そののち、未完であった「八表」と「天文志」を妹の班昭《はんしょう》と馬続《ばしょく》が完成させたのである。

このように『漢書』は、もともと『史記』の『後伝』として編纂されたものである。ただし、班彪は、単に『史記』の続編を著述したのではない。班固は、『史記』の短所を改めることを目指した。父の班彪は、『史記』には次の四つの改善点があるという。

第一は、多くの見聞や記録を載せるよう努め、史実の選択を厳正にしていないこと。第二は、黄老思想を尊び、儒教を価値基準の中心に置かないこと。第三は、項羽を本紀に、陳勝を世家に立てるなど、紀伝体の体裁を破っていること。第四は、名だけで字がなく、県だけで郡が記されないなど、人名や地名の表記に統一性がないことである（『後漢書』班彪伝）。班彪の『後伝』、これを継承した班固の『漢書』は、これら『史記』の欠点を補いながら、自らの特徴を打ち出していく。

『漢書』の特徴

『漢書』の特徴の第一は、資料・作品を原文に近い形で掲げることにある。たとえば、『漢書』東方朔《とうほうさく》伝には、「答客難（客の難に答ふ）」と「非有先生論（非有先生の論）」を『文選《もんぜん》』とほぼ同内容で引用している。これに対して、『史記』滑稽《こっけい》列伝に含まれる東方朔伝では、文字の異同が多い不完全な「答客難」を引用するのみである。これに対して、『漢書』は、引用の後に、「答客難」と「非有先生論」の二篇が、東方朔の文辞の中で最も良いものであるとし、これらこそが劉向の『別録《べつろく》』に著録される東方朔の真作であり、世が伝える他の文は真作ではない、と作品の真偽を論じている。ここに、「史」の方法論である外的史料批判［文献相互を比較して正しい事実を判断する］の芽生えを見ることができる。

第二は、儒教を価値観の中心に置くことにある。このため、前漢の全盛期である武帝のときに、儒者の董仲舒の献策により、太学に五経博士が置かれるとともに、諸子を退け、儒教を一尊することが定められた、と事実とは異なる記述を行っている。そこには、劉向・劉歆に大きな影響を与えた董仲舒を顕彰するとともに、前漢が儒教を一尊していた、と著すべきであるという意図を窺い得る。その時代にあった歴史的な事実ではなく、漢としてのあるべき姿を描こうとするのである。これが、近代歴史学の著作と大きく異なる『漢書』の特徴である。『漢書』の律暦志《りつれき》は、劉歆の三統暦の精緻な構造を記録し、五行志《ごぎょう》は、董仲舒・劉向・劉歆の災異への解釈を掲げ、古今人表《ここんじんぴょう》は、董仲舒学派の性三品説《せいさんぴん》に基づき人物を九等に分類する。このように、『漢書』は、董仲舒―劉歆を自らの学統の祖として尊重するので、董仲舒学派が著した『董仲舒書』に描かれた董仲舒像をあるべき姿として『漢書』に記したのである。

第三は、紀伝体の体裁を整えたことにある。『史記』では、本紀に置かれている項羽の記述を項籍《こうせき》〔羽は字であるため名に直している〕列伝に移している。また、『史記』では、順不同に置かれていた夷狄の記録を列伝の終わりに集めて、華夷の別〔中華が君、夷狄が臣であること〕を明らかにした。あるいは、刺客《せっかく》・滑稽列伝を外したことも、儒教以外の価値観を否定すると同時に、紀伝体の体裁を整える試みと言えよう。

第四は、漢堯後説に基づき、漢の正統性を説くことにある。漢堯後説は、『春秋左氏伝』を論拠に、漢の祖先を堯の末裔とする説で、劉歆が漢火徳説とともに主張した。漢堯後説による漢の正統化は、すでに班彪の「王命論《おうめいろん》」に見られるが、『漢書』は高帝紀の賛で次のように漢堯後説を述べている。

漢は帝堯の前運を承け、帝王としての徳を盛んにした。（劉邦が）白蛇を断ってその符を現し、旗幟《きし》に赤を尊んだことは、（五行のうち）火徳（に当たる漢）に相応しい。（こうした）自ずからなる応報により、（漢は）天下を統治する帝王となったのである。

『漢書』高帝紀下

ここでは、漢が天命に応じて成立した正統性を持つことが、漢堯後説と漢火徳説によって論証されている。『漢書』が、劉歆の思想の影響下に編まれた史であることを確認できる。そして、『漢書』は、『春秋』を規範とする『史記』のように、国家の興亡を乱に焦点を当て批判的に描くのではない。班固は、漢の統治がいかに正統であるかを論証するために、董仲舒―劉歆の思想に従って、史を構築した。その結果、『漢書』は、後世が依拠すべき「古典中国」を描き出したのである。

『漢書』の執筆動機

班固は、『漢書』執筆の理由を『漢書』叙伝《じょでん》の中で、次のように述べている。

固《わたし》が考えるに、唐堯《とうぎょう》と虞舜と三代［夏・殷・周］のことは、『詩経』・『尚書』の（記述が）及ぶ範囲であり、代々典籍がある。堯や舜が盛世であるといっても（それだけで伝わった訳ではなく）、これら（『尚書』の）「典《てん》・謨《ぼ》」の諸篇があって、初めてその名が後世に高まり、その徳が百王に冠絶したのである。このことを（『論語』は）、「巍巍乎《ぎぎこ》として其《そ》れ成功有り、煥乎《かんこ》として其れ文章有り」と言っている。漢は堯の命運を継承して、帝業を建てたが、六世（の武帝）に至って、史臣（の司馬遷）がようやく功徳を追述した。（しかし、司馬遷は『史記』で）私的に本紀を作り、（漢の歴史を）百王の後に置き、秦（の始皇帝）や項羽と同列にした。（しかも）太初年間（前一〇四〜前一〇〇年）より後は、欠けて記録がない。このため（わたしは）前代の記録を探し選び、伝聞したところを綴《つづ》り輯《あつ》めて、漢書を述作した。高祖より記述し、平帝および王莽の誅殺に終わるまで、十二世、二百三十年にわたり、その行事を総《す》べ、あまねく五経（の義）を貫き、これを上下にあまねく通じて、春秋考紀《しゅんじゅうこうき》・表・志・伝をつくること凡そ百篇とした。

『漢書』叙伝下

班固の「叙伝」の冒頭は、父の班彪の「略論《りゃくろん》」を継承している。しかし、班彪の「略論」

が、諸侯には「史」があり、それが孔子の『春秋』編纂へと継承されたことを論ずるのに対して、班固は、諸侯の「史」を問題としない。漢は、「帝業を建てた」ものであり、諸侯ではないからである。したがって、漢の史の規範とすべきは『春秋』ではなく、「堯・舜」の「名を後世に高」めた「典・謨の諸篇」である。「典・謨」とは、班固が修めた古文『尚書』では、堯典篇・舜典《しゅんてん》篇、大禹《だいう》謨《ぼ》篇・皐陶《こうよう》謨《ぼ》篇・益稷《えきしょく》篇のことで、堯・舜・禹を記録した部分である。班固は、『漢書』の規範を『尚書』の「典・謨」に求める史観を持つ。ここが『春秋』を規範とする司馬遷の『史記』と、班固の『漢書』の最も異なる点である。

続けて引用する「巍巍乎として其れ成功有り、煥乎として其れ文章有り〈堯は〉高く大きな業績を打ち立て、〈それを伝える〉輝かしい文章があった〉」は、孔子が「文」の重要性を説く『論語』泰伯《たいはく》篇である。漢は、「堯の命運を継承して、帝業を建てた」にもかかわらず、武帝のときの「史臣」司馬遷が私的に「本紀を作り」、漢を百王の後に置き、秦や項羽と同列視した。班固は、これを批判するため『漢書』を「述」べた、というのである。「述」は、『論語』述而篇の「述べて作らず」を踏まえている。孔子が、堯の「成功」を「述」べたもの、すなわち班固が『漢書』のモデルとしたものは『春秋』ではない。

班固は、孔子が『尚書』を「纂《せん》〔撰と同じ〕」するにあたり、「上は堯に断ち、下は秦に訖《を》はる、凡そ百篇」であった、と『漢書』藝文志《げいもんし》に明記している。堯の「成功」は、孔子が

『尚書』に「述」べたのである。班固が、「前代の記録を探し選び」、「高祖より記述し、平帝および王莽の誅殺に終わるまで」を『尚書』と同じ巻数となる百巻の『漢書』に「述」べたのは、このためである。漢堯後説によれば、高祖は、堯の末裔なのである。班固は、『史記』はもとより、父班彪の『後伝』が『春秋』を書き継ごうとしたことを「諸侯」の「史」に過ぎないと否定し、『尚書』を継承して『漢書』を述べた。それは孔子の業に匹敵する営為であった。

『春秋左氏伝』は、春秋時代を賛美するために書かれたものではなく、春秋時代を題材に、「君子曰く」などの評により、時代への毀誉褒貶を明らかにし、乱への批判を鑑に現世を警告するものであった。これに対して、『尚書』は、聖王の言葉を書き留めることにより、聖王の御世《みよ》を賛美し、その治世を現世の規範とするものである。漢を聖王の御世と位置づけたい班固が、『尚書』を継承するのは当然のことであった。班固の『漢書』は、『尚書』の「典・謨」を継承するものである。『漢書』各巻の末尾に記される班固の言葉が、『春秋』の「君子曰く」や、その流れを汲む『史記』の「太史公《たいしこう》曰く」という批評ではなく、「賛」として表現されることは、『漢書』の規範性を端的に物語る。これまで考えられていたほど、『漢書』は正しい事実を記した史書ではない。史実をゆがめても「正しい」規範を示すための著作であった。

班固の『漢書』は、秦誓篇《しんせいへん》に終わる『尚書』を書き継ぐ、漢の「典・謨」として、「史」を儒教に組み込むものなのである。その際、規範とした儒教経典は、諸侯の「史」である『春秋』ではなく、帝王の治を描く「史」である『尚書』であった。班固は『漢書』が、『尚書』を継承することを示すため、堯から始まり秦の穆公の悔恨〔秦誓篇〕で終わる『尚書』に準えて、高祖から始まり王莽の悪政で終わるように、『漢書』を構成した。ここに『漢書』は、「史」の儒教化を達成した。後世の規範となる「古典中国」を描いた『漢書』は、『尚書』に基づいて編纂されたのである。董仲舒の献策によって五経博士が太学に置かれたという事実に非ざることを書いた理由は、「古典中国」としてのあるべき前漢の姿を描く「史」が、『漢書』だからなのである。

第七章　後漢「儒教国家」の限界

外戚・宦官・党人

1　外戚――皇帝の擬似権力

漢を蝕むもの

中国史上最初の「儒教国家」となった後漢は、たとえば三国時代を経たあとの西晋「儒教国家」に比べて、さまざまな部分で原初的であり、いまだ漢家の制度と儒教の経義とがせめぎあっていた。そうしたなか、自らは権力基盤を持たず皇帝権力の延長として権力を行使する宦官が、皇帝に代わって政権を掌握する正統性を持つ擬似《ぎじ》権力である外戚を打倒することにより国政を掌握していく。白虎観会議において儒教の経義により正統化されていた外戚とは異なり、宦官が政治に関与することは、儒教を身体化している後漢の官僚に容認できることではなかった。儒教理念に基づき宦官への批判を展開した官僚は、宦官に操られた第十一代の桓帝により、党人《とうじん》〔悪い仲間〕として禁錮され〔党錮の禁〕、党人の自律的秩序の中から、三国時代の知識人層である「名士《めいし》」層が形成されていく。

豪族の社会への規制力を利用する後漢の寛治は、第四代の和帝のころから機能しにくくなっていく。外戚と宦官が、政治に関わり始めたためである。外戚とは、皇帝の母方の一族で、皇帝が幼いときに代わって政務を担当する。後漢の皇帝は多く短命で、和帝以降は幼帝の即位が続き、幼いころは外戚が政権を握った。やがて、成長した皇帝は、外戚から政権を取り戻す。そのときに、活躍したのが宦官である。宦官とは、後宮に仕える去勢された男子のことで、幼いころ母が去勢し、宮中に預けたものが多かった。皇帝は、宦官を勉強や遊びの相手として育ったため、宦官に親近感をもち、宦官も皇帝へ絶対の忠誠心をもっていた。したがって、政権を掌握している外戚を打倒するときに、皇帝が最も頼りにできるものは、宦官であった。こうして和帝以降、第十一代の桓帝期に党錮の禁が起こるまで、外戚と宦官は、交互に政権を担当する。

むろん、すべての外戚が、漢を蝕《むしば》んだわけではない。また、宦官の中にも、和帝期から第六代の安帝期に活躍し、製紙法の改良者としても有名な蔡倫《さいりん》のように、誠心誠意を尽くして皇帝に仕え、国政の私物化に無縁のものもいた。安帝を支えた外戚の鄧騭《とうしつ》も、「天知る、神知る、我知る、汝知る」と言って賄賂を拒否した楊震《ようしん》など儒教を学んだ官僚を登用し、安定した政治をもたらした。しかし、「跋扈《ばっこ》将軍」と批判した第十代の質帝《しってい》を殺し、桓帝を擁立した外戚の梁冀《りょうき》のように、外戚と宦官には、国政を私物化するものが多かった。具体的には、郷挙里選において、自分の一族や知り合いを推薦する、というかたちで、地方官に圧力をかけることも多かった。これを請託《せいたく》という。請託は、郷挙里選により豪族を取り込む後漢の寛治を徐々に蝕んでいく。豪族出身で儒教を身につけた官僚は、宦官の請託に激しく抵抗した。

しかし、その対決は常に宦官の勝利であった。それは、皇帝の信任厚い宦官が、皇帝の延長として権力を行使していたためである。

幼い皇帝を擁立する外戚は、皇太后［皇帝の母］の臨朝《りんちょう》［皇帝に代わって皇太后が政務を執る］のもと政権を握った。だが、前漢の簒奪者王莽は、外戚であった。なぜ、後漢「儒教国家」は、前漢の滅亡理由である外戚の台頭を防げなかったのであろうか。

外戚の再生産

後漢の外戚は、再生産性を持つことが第一の特徴である。たとえば、後漢末の霊帝期に権力を掌握した竇武《とうぶ》は、外戚として後漢で初めて権力を握った和帝の外戚竇憲の子孫である。竇憲は、その専横を嫌った和帝の命を受けた宦官の鄭衆《ていしゅう》によって自殺に追い込まれている。

また、第八代の順帝《じゅんてい》の外戚となった梁商《りょうしょう》は、かつて章帝の貴人《きじん》［後宮の女官の名称で、地位は皇后に次ぐ］として和帝を生んだが、罪を得て誅殺された梁貴人の子孫である。なぜ、罪を得た外戚の子孫が、再び外戚の地位に就けたのであろうか。その経緯を追ってみよう。

順帝は、寵愛する四人の貴人のうち、誰を皇后に立てるかを悩んでいた。その挙句、くじ引きで皇后を決めようとした順帝に、儒教の経義に精通した胡広《ここう》が諫言を行う。

詔書《しょうしょ》を拝見しましたところ、立皇后は重大なことなので、謙譲して陛下自ら専断されず、籌策《ちゅうさく》［くじ引き］を用いて、神霊の力により解決しようとのことでありました。（しかし儒教の）経典にも、漢家の故事にも、いまだかつて（くじ引きで皇后を定めたことは）ございません。神霊や占いを頼りましても、必ずしも賢いものに当たるとは限りません。もし適切な人に当たったとしましても、やはり徳により選んだことにはなりません。そもそも幼いころから聡明さは容貌に自然と現れるもので、（皇后となり）天の妹に譬《たと》えられるほどの優れた女性には、必ず人とは異なる様子があるものです。（ゆえに）良家を尋ね、徳のあるものを選び、徳の程度が同じであれば年齢により、年齢が均しければ容貌により選び、これを経典に照らし、それを叡慮で決断するのがよろしいでしょう。

『後漢書』胡広伝

胡広は、くじ引きにより皇后を立てるべきではないとするが、その論拠は、儒教の経典にも漢家の故事にも、先例がないことに置かれる。すでに述べたように、儒教の経義と漢家の故事は、後漢「儒教国家」の国政運用の規範であった。順帝は、胡広の諫言を容れて、くじ引きを止める。その決着は、「春秋の義」に基づくことになる。

陽嘉《ようか》元（一三二）年春、有司［担当の役人］が上奏して、「長秋宮《ちょうしゅうきゅう》［皇后の宮殿、転じて皇后のこと］を立てることをお願いいたします。考えますに乗氏侯《じょうしこう》の梁商は、（祖姑が和帝を生んだ）先帝の外戚でございます。春秋の義には、「（妃《ひ》を）娶《めと》る場合には大国より迎える」とあります。梁小貴人［ともに貴人であった梁姉妹の妹］を天子の配偶者とし、その地位を皇后にすべきです」とした。順帝はこれに従い、寿安殿《じゅあんでん》で梁貴人を立てて皇后とした。『後漢書』皇后紀

『後漢書』には「有司」とのみ書かれ、個人名も記されない上奏が、何らの議論を経た様子もなく、当然のように順帝に裁可されていることは、順帝より以前に、この主張が、立皇后の理論として、すでに確立していたことを物語る。有司の根拠は、「娶るに大国を先にす（娶る場合には大国より迎える）」という春秋の義である。『後漢書』に注を付けた唐の李賢は、これを『春秋公羊伝』からの引用とするが、現行の『春秋公羊伝注疏』には、この文言は見えない。これは、後漢「儒教国家」の経義を定めた『白虎通』に基づく。

王者が（妃を）娶るには、必ずまず大国の娘で、礼儀が備わり見るべきところの多いものから選ぶ。……『春秋公羊伝』（桓公《かんこう》二年秋七月）に、「紀侯《きこう》が来朝した」とある。（本

来）紀（という諸侯の爵位）は「子《し》」爵であるが、やがて娘を天子に嫁がせるため、爵位を増して（子より高い）「侯」爵と称しているのである。『白虎通』嫁娶《かしゅ》

梁皇后立后時の有司の『春秋』解釈は、白虎観会議で決定された経義に基づいているのである。皇后として選ばれるべき「娶るに大国を先にす」という「春秋の義」に当てはまるものは、その家が「大国」でなければならない。後漢において「大国」と見なされる王と諸侯のうち、王は皇帝の一族しか封建されず、その下の諸侯に封建されるものは外戚が多かった。結果として、順帝が寵愛した四人の貴人のうち、もとの外戚であった梁氏が、かつて罪を得た家でありながらも選ばれることになる。白虎観会議を主宰した章帝は、外戚の竇憲を寵愛していた。『白虎通』をまとめた班固も、竇憲との繫がりを持つ。そうした中でまとめられた『白虎通』に掲げられた「娶るに大国を先にす」という儒教理念が、たとえかつて罪を得た者であっても、再び外戚の地位に就けるような、外戚の再生産を支えているのである。

王者不臣

後漢の外戚は、前皇帝の嫡妻《てきさい》（正妻）の外戚が権力を掌握することを第二の特徴として持つ。和帝を生んだ梁貴人の子孫である梁商が、有司により「先帝の外戚」と認識されていた

ように、皇帝の生母の一族も外戚であった。というよりは、前漢で権力を行使した外戚は、皇帝の生母の一族が多い。実際に母子関係のある生母が皇太后として臨朝し、その一族が外戚として政治を掌握することは、むしろ自然の情に基づく。

ところが、後漢の外戚は、前皇帝の嫡妻の一族であった。和帝の生母である梁貴人が、章帝の嫡妻である竇皇太后に罪を着せられたように、生母やその一族は殺害されることも多かった。皇后が常に男子を生めるとは限らないためである。皇后［嫡妻］の一族が権力を行使できると定まっていれば、外戚の権力は安定する。

白虎観会議の開催時において、すでに力を握っていた外戚を顧慮したのであろう。『白虎通』は、皇帝の嫡妻である皇后の権力を次のように正統化している。

王者が臣下としないもの［王者不臣］は三つある。それは何か。二王の後・妻の父母・夷狄［異民族］である。『白虎通』王者不臣

「二王の後」を客として礼遇することは、中国の古典的国制に含まれる。漢は、殷の血を引く孔子の子孫と周の子孫を「二王の後」と定め、それぞれを褒成侯《ほうせいこう》・褒魯侯《ほうろこう》に封建していた。『白虎通』の規定は、それを正統化したものである。また、夷狄を臣下としない理由は、中

国〔漢民族〕とは「俗」が異なり、礼により教化できないためである、と『白虎通』は、この後に理由を記述する。いずれも穏当な主張と言えよう。ところが、妻の父母、すなわち嫡妻である皇后の外戚を優遇することは、外戚の王莽に前漢を簒奪された後漢では、本来、防がなければならないことであった。それにもかかわらず、『白虎通』は、次のように妻の父母の尊重を経典に基づき正統化する。

> 妻の父母を臣下としないのはなぜか。妻は己《おのれ》と一体であり、恭《うやうや》しく宗廟を承《う》け、その歓心を得るためのものだからである。上は先祖を承け、下は万世を継ぎ、これを無窮に伝えていく。このために臣下としないのである。『春秋公羊伝』（桓公九年）に、「紀《き》の季姜《ききょう》が京師に帰《とつ》ぐ」とある。（なぜ、周王の后《きさき》であるのに季姜と本名を呼ぶのか）父母の子に対する立場は、（子が）王の后であるといっても、（子の）尊さを父母に通用させることはないからである。王者が（妻の父母）を臣下としないことが分かる。
>
> 『白虎通』王者不臣

『白虎通』は、『春秋公羊伝』を典拠に、嫡妻の父母〔嫡妻方の外戚〕は、王者が「臣とせざる」ものであると位置づける。着目すべきは、その理由にある。嫡妻の父母が尊敬されるのは、嫡妻が宗廟において皇帝と一体化し、皇帝とともに、そして皇帝の死後は宗廟、すなわち皇帝家を無窮に伝える役割を担うが故に高い位置を得る、としているからである。これによれば、外戚は、皇后の嫡妻権により、擬似皇帝権力となることができる。後漢において嫡妻方の外戚が、皇室の断絶時には「定策禁中《ていさくきんちゅう》」［宮中で次の皇帝を誰にするか定める］し、皇帝の幼時に「臨朝」できた理由は、『白虎通』で正統化されていたからなのである。

このように、『白虎通』には、罪を得た外戚であっても、「大国」に準えられ、嫡妻である皇后に立てられれば、次の世代に皇太后となれる嫡妻権に基づき権力を行使できることが明記されていた。後漢を衰退させた外戚は、儒教に守られていたのである。このため儒教を学んだ官僚たちは、外戚の権力濫用を批判することはできても、外戚の政治関与そのものを批判することはできなかった。したがって、皇太后の死後に蜂起して外戚を打倒したものは、儒教を学んだ官僚ではなく、宦官なのであった。

2　宦官――皇帝の延長権力

必要悪

宦官は、後宮［ハーレム］で雑用を行う去勢された男子であり、本来的な地位は低い。ところが、後漢では、政務の執行機関であった尚書台と皇帝との間を結ぶ秘書官的な役割を果したため、政治と関わる機会が多くなった。宦官は、皇帝が、勉強や遊びの相手であった宦官に親近感を持っていたことにより、皇帝権力の延長として、自らも権力を行使したのである。

川勝義雄は、後漢を衰退させた外戚と宦官を「濁流」勢力と一括して把握し、六朝《りくちょう》貴族の源流となる「清流豪族」の敵役として、その対立面を強調した。しかし、両者を「濁流」と一括すること、さらには、それを「清流」に対する悪役とのみ位置づける二元論的な視座からは、後漢中期の政治過程を把握することはできず、曹操の台頭も理解できない。

曹操の祖父である曹騰《そうとう》は、本初元（一四六）年に即位した桓帝の擁立に功績があった宦官で、天下の名士を高官に推薦し、広く交友関係を結んでいた。たしかに、一方で曹騰は、外戚の梁冀と結び、巨万の富を蓄えたので、「濁流」と名付け得る側面を持つことは否定できない。しかし、張奐《ちょうかん》や种暠《ちゅうこう》といった文武兼備の将相を高く評価し、抜擢していることを見逃すわけにはいかない。

曹騰は宮中で働くこと三十年あまり、（順帝・沖帝《ちゅうてい》・質帝・桓帝の）四帝に仕え、いまだかつて過ちはなかった。その進める人材は、みな天下に名声が高いものばかりで、陳《ちん》留《りゅう》の虞放《ぐほう》・辺韶《へんしょう》、南陽の延固《えんこ》・張温《ちょうおん》、弘農《こうのう》の張奐、潁川の堂谿典《どうけいてん》などであった。
『後漢書』宦者《かんじゃ》 曹騰伝

かれら六名は、いずれも儒教を学んだ、川勝説で言えば「清流」に属する人々である。だが、「濁流」であるはずの宦官の曹騰が、その抜擢に力を尽くしたというのである。「清流」対「濁流」の二元論の限界が分かろう。かれらのほか曹騰は、とくに种暠に目をかけていた。はじめ种暠は、曹騰への蜀郡太守の贈賄を摘発した、敵対者であった。曹騰に擁立された桓帝が、曹騰は賄賂をまだ受け取っていないと述べ、种暠の弾劾を無効としたので、种暠は曹騰の報復を恐れたことであろう。ところが、曹騰は、これを意に介さず、种暠が能吏であることを称え続けた。种暠は、のちに司徒に出世すると、「自分が三公になれたのは、曹常侍《そうじょうじ》［曹騰］のおかげである」と言っている（『後漢書』宦者 曹騰伝）。

石井仁は、張奐および种暠、そして种暠に推挙された皇甫規《こうほき》・橋玄《きょうげん》が、いずれも度遼《どりょう》将軍に就いていることに注目する。度遼将軍は、中国の対外防備の中核である西北辺境を統括する総司令官である。石井は、曹騰が意図して中国の西北を守る列将を推挙した結果、その人脈の中から軍事的天才の曹操が出現することを必然と捉える。炯眼《けいがん》と言えよう。かれら「西北列将」の中でも、ことに曹操を最初に高く評価した橋玄は、曹操の恩人であり、また理想でもあった。

ただし、曹騰のような戦略眼をもった宦官、あるいは製紙法の改良者として有名な蔡倫のような宦官は少なかった。宦官の多くは、郷挙里選において、自分の一族や徒党を推薦するよう、地方官に圧力をかけるなどして国政を私物化した。これが、郷挙里選により豪族を取り込む後漢の寛治を徐々に蝕んでいく。

請託

後漢の寛治において、郷挙里選で郎官となるものは、豪族を出自とする郡国の属吏である。かれらは、郡国採用の属吏から勅任官となることで、キャリア官僚のスタートラインに立つ。孝廉や賢良方正《けんりょうほうせい》の推薦基準は、名称にも現れるように、いずれも儒教に置かれた。しかし、孝や廉といった儒教の徳目を郷挙里選の対象者が持っているか否かを試験によって判断することは難しい。そうしたとき、劉熊碑の部分で述べたように、たとえば弾［単・僤］に銭を拠出し、徭役に苦しむ貧民に銭を与えることに協力すれば、その人物が「廉」であることは端的に示される。こうして後漢の寛治は、郷挙里選で推薦される豪族の協力を待って、初めて地域で有効になっていた。それを宦官が破壊していくのである。

郷挙里選を破壊したものは、宦官だけではない。宦官とともに、和帝期以降の国政を壟断する外戚も、請託を繰り返して郷挙里選を破壊した。後に曹騰が目をかけた、种暠の察挙《さっきょ》［郷挙里選に挙げられること］の事情を掲げてみよう。

河南尹《かなんいん》の田歆《でんきん》の外甥にあたる王諶《おうじん》は、人物の鑑識眼があるという名声を持っていた。そこで田歆は王諶に、「いま六人の孝廉を察挙するが、外戚から（請託を）依頼する書状が届き、その意向には背《そむ》けない。（だが）一人だけでも名士を任用して国家に報いたいと思う。わたしを助けて名士を探し求めよ」と言った。翌日、王諶は……种暠を勧めた。

『後漢書』种暠伝

首都の洛陽を抱える河南郡の行政長官は、郡太守ではなく河南尹と特別に呼ぶ。標準的な人口二十万の郡の場合は、孝廉を年に一人察挙したが、河南郡は六人の孝廉を察挙できた。しかし、五人までは外戚からの請託に占められるので、せめて一人だけは名士を選びたい。このように言って、河南尹の田歆が王諶に探し出させたものこそ、种暠なのである。种暠は三公まで登りつめた。王諶の目利きは確かであったと言ってよい。しかし、ここでは、六人中五人までを外戚の言いなりに察挙させられた、河南尹田歆の苦衷に注目したい。

仇敵

宦官の請託は、さらに露骨であった。ことに、後漢で最も権力を行使した外戚梁冀を打倒した単超《ぜんちょう》ら「五侯」と呼ばれた宦官たちは、桓帝の寵愛を背景に、郷挙里選を破壊した。郷挙里選だけではない。請託により官僚となった宦官一派は、後漢国家の統治機構を利用して私的利益の追求に専念した。

> 宦官の兄弟・親戚は、みな州を支配し郡を統治し、百姓から搾《しぼ》り取るさまは、盗賊と異ならなかった。『後漢書』宦者 単超伝

儒教を修めた官僚は、こうした行為を繰り返す宦官を仇敵として忌み嫌った。このため、それまでのように、皇帝権力の延長である宦官の存在を当然視し、その政治への関与をも容認する、という態度をとる儒教的官僚は、少数となっていく。それを象徴するものが、東海《とうかい》国《こく》の国相黄浮《こうふ》による県令殺害事件である。

> (宦官の徐《じょ》)璜《こう》の兄の子である徐宣《じょせん》は、下邳《かひ》県令となり、暴虐の限りを尽くした。……下邳県は東海国《とうかいこく》に所属していた。汝南郡の黄浮が東海国相になると、徐宣の横暴を告発

するものがあった。黄浮はそこで徐宣の家族を捕らえ、老若を問わず尽く取り調べた。属吏は（宦官の報復を恐れて）強く諫めた。黄浮は、「徐宣は国賊である。今日これを殺すことができれば、明日（自分が）死罪に追い込まれても、瞑目《めいもく》することができる」と言った。徐宣の罪を調べあげると直ちに市で処刑し、其の尸《しかばね》を暴《さら》して民に示した。東海国中が慄然とした。徐璜はこの恨みを桓帝に訴えた。桓帝は大いに怒った。黄浮は髡《こん》鉗《かん》［髪を剃って首かせをはめる］の罪にあてられ、右校《ゆうこう》で労役に服した。

『後漢書』宦者 単超伝

郡太守や国相には、所属する県の県令を殺害する権限はない。ゆえに、黄浮は死罪を覚悟して、徐宣を処刑したのである。常軌を逸した行動と言えよう。ここまで黄浮を追い込んだものは、和帝より示され続けてきた、歴代皇帝の宦官への寵愛にある。『白虎通』により、その与政を正統化された外戚の打倒に力を尽くした宦官を自らの権力の延長と考える皇帝は、その横暴が後漢の寛治を崩壊させていくにもかかわらず、宦官を寵愛し続けた。これまで宦官と対決した多くの官僚が、皇帝の支持を背景とする宦官に敗れてきた。そこで、黄浮は、徐宣の犯罪の調査結果を添えて皇帝に弾劾文を上奏する、という通常の手続きを省略して、徐宣を処刑した。弾劾文は、尚書台より宦官を経由して皇帝に手渡される。その時点で、宦官の徐璜が兄の子の徐宣を弁護しよう。黄浮はそれを防ごうとしたのである。

ここに見られるものは、皇帝の信用の失墜である。皇帝の延長権力である宦官の横暴は、儒教を学んだ官僚たちに、宦官への、そして宦官を延長権力とする皇帝への、不信感を蓄積させていった。皇帝を背景とする宦官の権力行使への批判は、やがてそれが昂《こう》じて皇帝権力そのものに対する不信感へと増幅していく。それが党錮の禁を惹き起こすことになる。

3　儒教理念の抵抗

党錮の禁

儒教官僚と宦官との対決は、最終的に宦官の勝利に終わった。党錮の禁である。党錮の禁は、宦官が自分たちの政治を批判する官僚を二度にわたって党人［悪い仲間］として禁錮《きんこ》した事件である。第一次党錮の禁は、延熹《えんき》九（一六六）年、李膺《りよう》が宦官の一味を死刑にしたことを機に起こされ、李膺とそれに連なる二百名余が逮捕された。

このとき河内《かだい》の張成《ちょうせい》は風角《ふうかく》［風向きによる占い］を得意とし、恩赦を予占し、子に教えて人を殺させた。李膺は、河南尹であったが、（部下を）督促して逮捕させた。しかし

（占いのとおり）恩赦があり（人を殺した張成の子は）免れることができた。李膺はますます怒り、ついに取り調べてこれを殺した。張成は占いを通じて宦官と関係が深く、桓帝もその占いを信じていた。張成の弟子はそこで李膺を誣告《ぶこく》して、太学の学生を子飼いにし、諸郡の学校の学生と交わって派閥をつくり、朝廷を誹謗し、風俗を乱れさせている、と申し出た。ここにおいて桓帝は激怒し、郡国に命令を下し、党人を逮捕させ、天下に布告して怒りをともにさせ、そうして李膺たちを捕らえた。その供述が波及した陳寔《ちんしょく》など二百余人が連座した。『後漢書』党錮列伝序

李膺の行動は、皇帝の権威を無視する点で、前述した東海国相の黄浮の行為と同質である。これに対して、宦官は、単に李膺だけではなく、李膺を支持する声を挙げていた太学や諸郡の学生、さらには日頃から宦官に批判的な言動があったものまで、二百余人を連座させるという大規模な政治弾圧を起こしたのである。

光武帝が整備した太学は、この時には三万人と言われる太学生を抱えて飽和状態にあった。本来、太学生は官僚予備軍として、徴召《ちょうしょう》や辟召《へきしょう》を受ける存在であった。徴召とは、皇帝自らが指名して官僚に任命する最高の登用方法で、徴召されたものは議郎《ぎろう》以上に任命される。諸葛亮で有名な三顧《さんこ》の礼であるが、光武帝も老儒者に対して、徴召を三度、すなわち三顧の

礼を尽くしており、そうした場合には宰相の席を準備する場合もあった。辟召とは、長官が部下を招く登用方法であり、郡国の太守・国相が属吏を招く場合も辟召と呼ぶが、四府《しふ》［大将軍府と三公府］の辟召を受ければ、郷挙里選より高位から官僚になることができた。太学生は、これを期待して洛陽の太学に集まっていた。だが、徴召も辟召も、宦官の請託により閉ざされ、太学生は就職難の原因である宦官の与政に反対していたのである。

李膺の調書が三公府に至ると、太尉の陳蕃《ちんばん》はこれを退けて、李膺たちを国を憂える忠臣であると称えた。桓帝はますます怒り、李膺を黄門北寺獄《こうもんほくじごく》［宦官が取り調べを行う宮中の牢獄］に送った。だが、李膺が供述で宦官の子弟の名を挙げるため、宦官は連座を恐れ、桓帝に恩赦を勧めた。恩赦を受け李膺は郷里に帰ったが、李膺たちは党人として禁錮された。

自律的秩序

党人の宦官への批判は、宦官をのさばらせる皇帝や後漢という国家そのものへの批判へとエスカレートしていった。それは、党人を儒教理念が支えていたことによる。儒教では、前漢末がそうであったように、為政者が悪政を続け、災異が続いた場合には、革命の思想が現れる。後述するように、党人とされた鄭玄は、革命を是認する六天説《りくてんせつ》という新たな理論を完成していく。やがて鄭玄学は、後漢から禅譲を受けた曹魏《そうぎ》の官学となる。

また、党人は、後漢の官制秩序とは別の自律的秩序を形成した。それは、党人が人物評価により、自分たちの上下関係を定めていたことによる。それまで豪族は、郷里社会で持つ大土地所有などの経済力と軍事力を郷挙里選によって、後漢の官僚に就任するという政治力へと変換していた。だが、官僚となる道である郷挙里選を宦官によって閉ざされ、後漢の官僚への評価が低くなると、何を拠り所に郷里社会に力を振るうべきかを悩むことになる。こうしたなかで流行したものが、党人たちの人物評価である。豪族は、党人を支持し、党人から人物評価を受けることを後漢の官僚となるよりも尊重するに至る。

党錮の禁より正直《せいちょく》なものは追放され、邪悪なものが盛んとなり、天下の（李膺のような）気風を望むものは、互いに名を立てて、天下の名士を指して、これの称号をつくった。上は三君といい、次は八俊、次は八顧、次は八及、次は八廚《はっちゅう》という。古の八元・八凱《はちがい》のようなものである。竇武・劉淑《りゅうしゅく》・陳蕃を三君という。君とは、一世の宗とする所という意味である。李膺・荀昱《じゅんいく》・杜密《とみつ》・王暢《おうちょう》・劉祐《りゅうゆう》・魏朗《ぎろう》・趙典《ちょうてん》・朱寓《しゅう》を八俊《はっしゅん》という。俊とは、優れた人という意味である。郭林宗《かくりんそう》（郭泰《かくたい》）……を八顧という。

『後漢書』党錮列伝序

図表7-1　三君八俊表

称号	氏名	人物評価	第一次党錮の禁	第二次党錮の禁
三君	竇武	天下忠誠竇游平	——	自殺
三君	劉淑	天下徳弘劉仲承	——	自殺
三君	陳蕃	天下義府陳仲挙	——	誅殺
八俊	李膺	天下模楷李元礼	処罰	誅殺
八俊	荀昱	天下好交荀伯条	?	誅殺
八俊	杜密	天下良輔杜周甫	処罰	自殺
八俊	王暢	天下俊秀王叔茂	——	処罰
八俊	劉祐	天下稽古劉伯祖	——	——
八俊	魏朗	天下忠平魏少英	処罰	自殺
八俊	趙典	天下才英趙仲経	——	自殺
八俊	朱寓	天下冰淩朱季陵	?	獄死
八顧	郭泰	天下和雍郭林宗	——	——
⋮	⋮	⋮	⋮	⋮

党人たちが形成した「三君」以下の称号には、「天下の義府《ぎふ》は陳仲挙《ちんちゅうきょ》（陳蕃、仲挙は字）」「天下の模楷《もかい》は李元礼《りげんれい》（李膺）」といった人物評価が付されていた。しかも、「三公・九卿」以下より成る後漢の官制秩序を意識しながらも、直接的には、堯に用いられず舜に登用され世を太平に導いた「八元・八凱」に基づいている所に意味がある。前漢末以来、漢は自らを堯の子孫と位置づけていた。その堯には登用されず、次の舜の時に太平を導いた「八元・八凱」に、「三君」以下は準えられている。ここに「三公・九卿」以下に表現される後漢の官制による秩序からの自律性と、後漢という国家への批判を見ることができよう。

それでも、自らの指導者である陳蕃を「三君」の末席、李膺を「八俊」の筆頭に下げて、「三君」の首位に外戚の竇武を、次位に帝の信任が厚い宗室の劉淑を置いていることは、外戚・宗室といった後漢の国家的な権威をなお尊重していたことを示す。ところが、第二次党錮の禁は、そうした後漢の権威への尊重を失わせていく。

名士層の形成

第二次党錮の禁は、桓帝後の第十二代霊帝（劉宏）の建寧《けんねい》二（一六九）年、陳蕃と竇武が宦官誅滅に失敗したことを背景に、張倹《ちょうけん》が「鉤党《こうとう》」［悪い派閥づくり］をしている、という誣告を直接の契機に起こされた。李膺ら百名余が殺され、それに連なる六、七百名余が党人として禁錮された。

このとき、侍御史《じぎょし》であった蜀郡の景毅《けいき》の子景顧《けいこ》は、李膺の門人であったが、まだ門生名簿に登録がなかったため（連座せず）、譴責が及ばなかった。景毅は慨嘆しながら、「もとより李膺が賢であると思って、子を送って李膺を師とさせたのである。どうして名簿に漏れていたからといって、安寧でいられようか」と言った。かくて自ら（李膺に連座すべきことを）上表して免官されて郷里に帰った。時人《じじん》は、これを義とした。

『後漢書』李膺伝

前漢の末期、王莽が、自分の失脚を謀った儒者の呉章《ごしょう》を死刑にし、門人を禁錮したとき、呉章の門人たちは、ことごとく師の名を変えて禁錮を免れた。漢の官僚となるためである。これに対して、景毅は、侍御史という後漢の官僚であることよりも、李膺を支持して「義」という人物評価を得ることを望んだ。「三君・八俊」を筆頭とする人物評価に基づく自律的秩序が形成されていたためである。党錮の禁を通じて形成された、こうした名声に自分の拠り所を求めようとする人々を三君以下が「天下の名士」と表現されたことに基づいて、「名士」と呼ぶことにしよう。その階層の普及に大きな役割を果たしたものが郭泰である。

洛陽の近くの竜門《りゅうもん》では、黄河に大きな高低差がある。河をさかのぼってきた魚も、急に高さを増す竜門を登ることはできない。もし登れば、魚は竜になるという。その竜門に譬《たと》えられたものが李膺であった。悪逆な宦官に抵抗した李膺の人気は高く、誰もが面会を求め、李膺は天下の名士でなければ会わないと決めていた。そうしたなかで李膺に高く評価されれば、その人の名声は全国に轟き、竜になれる。登竜門《とうりゅうもん》の故事の由来である。その李膺が、年齢の差を超えて、友人として待遇した若き人物批評家が郭泰であった。

郭泰は、李膺の友人でありながら、党錮の禁を免れた。政治批判をせず、宦官から恨まれていなかったためである。もちろん、李膺との関係を自ら述べ立てて党人となり、さらなる名声を得ることもできた。しかし、郭泰は次代を担う知識人を養成する道を選んだ。かつて後漢の官僚となることを勧められた郭泰は、「天が滅ぼそうとするものを支えることはできない」と仕官を断っている。後漢の現実には絶望していたのである。建寧元（一六八）年に陳蕃や竇武が宦官に殺されると、郭泰は荒野で慟哭《どうこく》する。「優れた人たちはここに絶え果てた。国は滅びるであろう」と。

これよりさき、郭泰は全国を周遊して人物評価をしていた。新たな国を支える優れた人材を発掘しようとしたのである。自らの理想が実現しない時、後生《こうせい》を育成することは、孔子《こうし》以来の儒家の伝統である。「社会もこれを歓迎した。政情不安な後漢末において、貧しい家に生まれた郭泰が旅を続けられたのは、人物評価を求める各地の豪族の支持を受けたためである。郭泰の車には、面会を求める豪族の名刺が山と積まれた。しかし、郭泰が高く評価したものは、必ずしも豪族の出身者ではなかった。

郭泰が汝南郡に行った折、大豪族の出身である袁閬《えんろう》［袁紹の一族］には会ったが泊まりもせず、黄憲《こうけん》という牛医の子のもとには何日も滞在した。その理由を尋ねられると、「袁閬の器は小さい泉である。清いけれども水は汲みやすい。黄憲の器は広く深く千頃《けい》の堤のようである。澄ませても清くはならず、乱しても濁らず、量り知れぬ度量の深さである」と答えた。これが人物評価である。郭泰の評価は、口伝えに広がり、汝南郡でも限られた人の間にしか名声のなかった黄憲は、一気に全国的な「名士」となった。一方で、袁閬の名声は、消えていった。

　これは、社会に流動性を生み出す。豪族も大土地所有の経済力に安閑としてはいられない。学問を修め、議論を行い、さまざまな手段により名声を得て、「名士」になろうとする。こうして豪族を主たる出身階層としながらも、経済力ではなく、さまざまな文化を身につけることにより得る名声を存立基盤とする「名士」層が成立していく。

　郭泰が形成した「名士」の人物評価は、豪族層の支持を得ることにより、腐敗した後漢の国家的な秩序に代わって、社会的な権威を持つことになった。後漢の国家的な秩序は、官位の上下で示される。曹操の父である曹嵩《そうすう》が、最高位である太尉の官を一億銭で買ったように、後漢の国家的な秩序は、金で売買することが可能な、腐敗したものになっていた。これに対して、「名士」の自律的な秩序は、人物評価で表現される。このため、著名な「名士」の人物評価を得ることは、名声を高め、「名士」層に参入するための最も有効な手段であった。

　人物評価で「許・郭」と並称され、郭泰の死後、その中心となったものが許劭《きょしょう》である。許劭と同じ汝南郡の出身である袁紹は、「四世三公《しせいさんこう》」［四代にわたって三公を出した］と称される、後漢随一の名門であった。このため袁紹は、いつも豪華な大名行列のように賓客を付き従えていたが、汝南郡に入るときには、訳を言って離れてもらい、静かに故郷に帰った。「わたしの行列や衣服をどうして許子将《きょししょう》［許劭、子将は字］に見せることができようか」と。袁紹は、許劭の人物評価で貶められることを気にかけていたのである。

許劭は、後に蜀漢に仕えた従弟の許靖《きょせい》と一緒に人物評価を行い、月ごとに人物評価の品題《ひんだい》（人々を品する〈ランクづける〉際の題〈評価基準〉）を変えた。このため「月旦評《げったんひょう》」「月の一日《ついたち》に行われる人物評価」という言葉が生まれた。若き日の曹操も、「名士」層への参入を目指し、許劭の人物評価を受けに来た一人であった。曹操にそれを勧めたものは、当時数少ない曹操の理解者であった橋玄である。「君はまだ名声がない。許子将の評価を受けるとよい」。橋玄が紹介状を書いたのであろう。曹操は許劭へ面会することができた。しかし、許劭は、宦官の養子の子である曹操を卑しみ、なかなか評価をしようとしない。そこで、曹操は腕力に訴え許劭を脅したので、許劭は仕方なく、「君は治世の能臣、乱世の奸雄《かんゆう》である」と、後世に有名となる評語を述べた。曹操は大喜びで帰ったという。

ここで注目すべきは、曹操が評語の内容を喜んだのではない、ということである。著名な「名士」許劭から人物評価を受けたという事実、それにより「名士」の仲間社会に参入する資格を得たことを喜んだのである。この結果、曹操は、汝南郡を名声の場とする「名士」の集団である何顒《かぎょう》グループに加入できた。何顒のもとには、袁紹・荀彧《じゅんいく》・許攸《きょゆう》など、曹操の生涯に大きな関わりを持つ「名士」が集まっていた。許劭の評価により、曹操は、覇権のスタートラインに立つことができたのである。

ここには、後漢「儒教国家」の影響力はすでにない。二度に及ぶ党錮の禁は、豪族を主な出身母体とする「名士」層を生み出し、党人の三君・八俊の流れを汲む「名士」の人物評価は、後漢「儒教国家」から自律性を持つ独自の価値基準へと成長していったのである。

4　漢を書き記す

范曄の『後漢書』

後漢の歴史を今日に伝える范曄《はんよう》の『後漢書』は、『史記』『漢書』『三国志』とともに「前《ぜん》四史《しし》」と総称される。ただし、『後漢書』の成立は『三国志』よりも遅れ、劉宋の元嘉《げんか》九～十六（四三二～四三九）年ごろに完成した。後漢の滅亡から約二百年が経ち、その記述は、范曄が直接見聞したものではない。范曄が根本に置いた史料は、後漢時代に蘭台、のちに東《とう》観《かん》という部署で編纂された『東観漢記《とうかんかんき》』である。

『東観漢記』は、明帝期には『漢書』を著した班固、安帝期には劉珍《りゅうちん》、後漢末には蔡邕《さいよう》が、その編纂に重要な役割を果たした。だが、成立当初から『東観漢記』の評判は悪かった。たとえば、唐の劉知幾《りゅうちき》の『史通《しつう》』は、同時代史であるためにさまざまな制約を免れず、複数の著者の記述の寄せ集めである、と批判している。漢を孔子の祝福した国家と捉え、その無《む》謬《びゅう》性を証明しようとした班固と、漢の終焉にその制度を後世に伝えようとした蔡邕とでは、紡《つむ》ぎだす「後漢」の像が乖離することは当然である。『東観漢記』は、長い年月に多くの著者が関わったため、統一性のない雑駁《ざっぱく》な史書となった。

後漢が滅亡し、同時代史の制約が外れると、「後漢書」編纂の試みが次々となされた。今日、存在が知られる後漢に関する史書は、十二家十三種に及ぶ。それらの中で、散逸を免れたものは、范曄『後漢書』と編年体で書かれた袁宏《えんこう》『後漢紀《ごかんき》』の二書に過ぎない。范曄の『後漢書』が他書を駆逐した理由は、その優れた文章によるところが大きい。

また、范曄が劉宋の理想を後漢「儒教国家」に求めたことも、范曄の『後漢書』が読まれた理由であろう。漢は後世、「古典中国」となる。『史記』のように漢の武帝に批判的な著書よりも、班固の『漢書』や范曄の『後漢書』のように、漢を賛美する著作の方が、古典として漢の規範を体感できる。范曄が仕えた劉宋は、高祖劉邦の弟である楚元王《そげんおう》劉交《りゅうこう》の後裔と称する劉裕《りゅうゆう》が建国した。同じく劉宋に著された劉義慶《りゅうぎけい》の『世説新語《せせつしんご》』も、後漢を守ろうとした党人・「名士」たちを高く評価し、曹操の仮譎《かけつ》［偽り欺くこと］を冷笑する。范曄は、光武帝劉秀《りゅうしゅう》の故郷南陽《なんよう》の郡望《ぐんぼう》［郡を単位とする貴族］である「南陽の范氏」として、劉宋の規範たるべき後漢「儒教国家」を描き出したのである。

このため『後漢書』には、儒教に関する記述が満ち溢れる。清の趙翼《ちょうよく》は『廿二史劄記《にじゅうにしさっき》』のなかで、『後漢書』に記された君臣の名分や忠義のために命を投げ出した人々を列挙し、後漢における儒教の規制力の大きさを称賛する。こうした後漢における儒教の重視は、范曄の『後漢書』だけに見えるものではない。袁宏の『後漢紀』にも、同時代史料の『東観漢記』の逸文にも、さらには石刻などの一次史料にも、儒教を色濃く見出し得る。後漢は「古典中国」を確立した「儒教国家」なのである。

こうした「儒教国家」としての後漢に、范曄は好意的であった。范曄の祖父范寧《はんねい》は、『春秋穀梁伝集解』を著した東晋《とうしん》を代表する儒者である。『後漢書』鄭玄伝の論に、范曄は次のように祖父范寧の鄭玄への傾倒ぶりを描いている。

祖父の豫章《よしょう》君［范寧］は、常に先儒の経典解釈を検討し、（それらの中で後漢の）鄭玄を長《まさ》っているとし、孔子の直接の門人さえも（鄭玄を）超えることはできないと思っていた。（そのため范寧は）門人に経典を伝授する際には、どれも専ら鄭玄の解釈に基づい（て講義を行っ）た。

『後漢書』鄭玄伝論

『春秋穀梁伝集解』は、その序に明記されるように、范氏一族の共同研究の成果であった。吉川忠夫は、仏教信者であった范曄の父范泰《はんたい》も、仏教嫌いであった范曄も、中国認識の固有性の基底に、儒教を置いていたという。「南陽の范氏」という貴族の文化的価値の根底には、儒教が存在していた。それも、范曄の後漢「儒教国家」に対する好意の原因なのである。

蔡邕の十意

范曄は、『後漢書』を完成する前に、政変に巻き込まれて卒した。范曄が書き残した「志」［制度史の部分］は、梁の劉昭《りゅうしょう》により、司馬彪の『続漢書』から「八志」を抜き出して、范曄の『後漢書』に合わせるという形で補われた。すなわち、現行の『後漢書』は、范曄の『後漢書』に唐の李賢が注を附した本紀と列伝に、西晋の司馬彪が著し劉昭が注を付けた「志」を合刻したものなのである。

司馬彪は、西晋の基礎を築いた司馬懿《しばい》の弟の孫であるが、又従兄弟の司馬炎《しばえん》が西晋を建国した後も、王に封建されることはなかった。権力より遠ざけられた司馬彪は、『荘子』を好んで注を附し、その一部は今日まで伝わっている。西晋では、すでに陳寿により『三国志』が著されていた。前代の国家を描き、現在の国家の正統性を証明する、という後世の「正史」にあたる歴史書を著す必要は、司馬彪にはなかった。そもそも司馬彪は、史官ではない。それでも『続漢書』を執筆した理由として、司馬彪は二つの執筆動機を掲げている。

第一は、勧善懲悪《かんぜんちょうあく》である。孔子が『春秋』を修めた目的を勧善懲悪とすることは、『孟子』に記されている。勧善懲悪を『春秋』の執筆、延《ひ》いては史書執筆の目的とすることは、

中国の史学に長く継承される共通の特徴である。言い換えれば、司馬彪の特徴ではない。司馬彪

第二は、後漢の忠臣・義士が良史に恵まれず、顕らかにされていないことである。司馬彪は、規範として後漢を描こうとしたのである。

現存する司馬彪の「八志」のうち律暦志は劉洪《りゅうこう》と蔡邕、輿服志《よふくし》は董巴《とうは》と蔡邕に依拠し、礼儀志《れいぎし》と祭祀志《さいしし》は往年の制度から撰述し、百官志《ひゃくかんし》は旧来からの官簿に基づく、と司馬彪は述べる。司馬彪が八志を著す際に主として参照したものは、蔡邕の「十意」〔桓帝劉志の名を避け、意という〕である。ところが、司馬彪は、律暦志・輿服志は蔡邕に依拠したと明言するものの、礼儀志・祭祀志については蔡邕の名を出さない。自らの撰述の意図が強く現れているためであろう。それでは、二人の執筆意図は、どのように異なるのであろうか。

蔡邕は、鄭玄、そして黄巾の乱を平定する軍略を建てた盧植《ろしょく》と並ぶ、後漢末三大知識人の一人である。後漢の経学を集大成し、のちに袁紹の軍師に招かれる鄭玄が学術、劉備・公《こう》孫瓚《そんさん》の師で軍を率いて黄巾と戦った盧植が実践を代表する儒者であるならば、蔡邕は四百年続いた「漢家の故事」に精通する有職故実家《ゆうそくこじつ》であった。

故事とは、今日の言葉で言えば先例である。もちろん、故事だけでなく蔡邕の学問は多岐にわたる。文章に優れ、数学や天文に詳しく、音楽に精通する琴の名手であった。また、『東観漢記』の編纂にも携《たずさ》わり、儒教経典を石に刻んだ「熹平石経《きへいせきけい》」を太学に建てた中心で

もあった。司馬彪の「八志」のもとになった「十意」は滅んだが、故事をまとめた『独断《どくだん》』は残存し、漢代の制度を今日に伝えている。

蔡邕は、後漢末、董卓《とうたく》のブレーンとなった。後漢が衰退するなか、蔡邕は、漢の国制を後世に伝えようとした。さらに進んで、董卓のもと、後世に伝えるためにまとめた漢の体制を復興し、混乱を収拾して漢を再建することを目指したのである。多くの「名士」が董卓を見捨てるなか、蔡邕は最後まで董卓を支え、王允《おういん》・呂布《りょふ》に敗れて刑死した。蔡邕の死を知った鄭玄は、荒野で慟哭して言った。「漢の世は誰とともに正せばよいのか」。こののち、鄭玄の学問は、漢に代わる国家に新たなる規範を提供するために営まれていく。

蔡邕の師は、順帝が皇后をくじ引きで決めようとしたことを諫めた胡広である。すでに述べたように、胡広は、くじ引きを批判する根拠を儒教経典と「漢家の故事」に置いた。胡広にとって漢家の故事は、儒教経典と並ぶ政策決定の重要な典拠なのであった。ゆえに胡広は、それを『漢制度《かんせいど》』に著した。蔡邕の学問は、これの継承である。胡広と蔡邕の執筆目的は、「漢家の故事」を記録に留めることにあった。

司馬彪の『続漢書』

司馬彪の八志は、「漢家の故事」を伝えようとした胡広と蔡邕の著作の流れを汲むものである。したがって『続漢書』という書名にもかかわらず、それは単なる『漢書』の続編にはならなかった。漢の直接的な正統化を目的とする『漢書』とは、執筆の目的が異なるためである。司馬彪の執筆意図が明確に現れる祭祀志は、『漢書』への接続を明言しておきながら、郊祀志という『漢書』が祭祀の制度をまとめた篇の名称を継承しない。『漢書』の郊祀志は、祭祀のなかで最も重要なものが、天への祭祀、つまり郊祀であることから付けられた篇名である。後漢においても、天の祭祀の重要性に変わりはなかった。しかし、司馬彪の祭祀志は、郊祀に限定されず、漢のあらゆる祭祀がどのような経緯を持つのか、という形成史から語られる。ゆえに、郊祀という特定の祭祀を篇名とはせず、祭祀志と命名したのである。礼儀志もまた、一年間に行われる漢の定例祭祀が、時系列に沿って掲げられ、最も重要ではあるが臨時の祭祀である大喪は、最後に附されている。形成志を記す祭祀志、時系列に並べる礼儀志、この二つの志により、後漢「儒教国家」で成立した漢の祭祀の全体像が典範として示されるのである。

ここに司馬彪の『続漢書』の特徴がある。「漢家の故事」をまとめあげるという点では、胡広・蔡邕の著作と共通性を持つ。しかし、何のためにまとめるのか、という執筆目的が異なる。司馬彪の『続漢書』は、西晉の政治を運用していくうえで、「漢家の故事」を「鑑」として参照するために編纂されたものであった。古を鑑とすることは、すでに述べたように、

『詩経』以来の伝統がある。司馬彪は、後漢「儒教国家」を鑑とする史書の編纂により、西晉「儒教国家」の現実の政策に資することを目指したのである。

西晉の宗室に生まれながら王になれなかった司馬彪は、後漢「儒教国家」の歴史書をまとめることにより、「儒教国家」を再編しようとする西晉に鑑を提供した。それとともに、たとえば、天地・四方を祀るとされていた「六宗《りくそう》」の祭祀について、『續漢書』を踏まえた政策を提出して、西晉による「儒教国家」の再編に自らも主体的に関与した。司馬彪の本紀・列伝は滅びても、八志が残されたのは、西晉の鑑としての後漢「儒教国家」の諸制度をまとめるという執筆目的が、八志にこそ十全に現れていたためであろう。漢を「古典中国」とする意識が、すでに西晉の司馬彪には芽生えているのである。

第八章　黄天　当に立つべし

三国志の始まり

1　漢に代わるもの

後漢「儒教国家」の混乱は、後漢を正統化している儒教そのものへの批判も巻き起こした。のちの道教の源流の一つとなる太平道《たいへいどう》を創始した張角《ちょうかく》は、光和《こうわ》七（一八四）年、黄巾の乱を起こし、漢に代わる天下の秩序を黄老思想に求める。「蒼天《そうてん》已《すで》に死す、黄天 当《まさ》に立つべし。歳は甲子に在り、天下 大吉なり」という黄巾のスローガンは、蒼天、すなわち昊天上帝《こうてんじょうてい》という儒教の天に守られた後漢「儒教国家」はすでに死んだ。黄天、すなわち太平道の天である中黄太乙《ちゅうこうたいいつ》が代わって立つことを宣言したものであった。黄巾は、後漢「儒教国家」を全否定し、「黄天泰平《こうてんたいへい》」を招来することを理想として示し、それを実現するために立ち上がったのである。黄巾の乱そのものは、張角の病死もあり、北中郎将《ほくちゅうろうしょう》の盧植、左中郎将《さちゅうろうしょう》の皇《こう》甫嵩《ほすう》、右中郎将《ゆうちゅうろうしょう》の朱儁《しゅしゅん》らにより平定された。だが、その後も混乱が収まらなかった根本的な理由は、黄巾により終わりを宣言された後漢「儒教国家」、その「漢に代わるもの」が明確に立ち現れなかったからである。

思想史のうえでは、それは用意されていた。すでに名だけは挙げた鄭玄の「六天説《りくてんせつ》」である。鄭玄は六天説により、永遠と思われた「聖漢《せいかん》」がなぜ終焉を迎えたのかを説明する。そして、「聖漢」の終わりは、たとえば中黄太乙への信仰といった儒教以外の宗教や価値観に基づく国家が建設されることを意味しない。鄭玄は、漢に代わる国家もまた、儒教に基づく必然性を六天説で指し示しているのである。

鄭玄の六天説は、「感生帝説《かんせいていせつ》」を前提とする。感生帝説とは、天命を受けた国家の始祖は通常の出産ではなく、その母が異物に感じて帝王を孕《はら》むという考え方である。鄭玄は、周の始祖后稷《こうしょく》は、母の姜嫄《きょうげん》が上帝の足跡《あしあと》の親指を踏んで妊《はら》んだという伝説について、后稷は、足跡を残した感生帝［上帝、天］の子である、と説明する。足跡を残した上帝は、緯書によれば、蒼帝霊威仰《そうていれいいぎょう》という名を持つ。これが、周の守護神となる天である。周という国家は、周の守護神であり、感生帝である蒼帝霊威仰の足跡の親指を踏むことで孕んだ姜嫄の生んだ后稷が、天の命を受けて成立した国家である。したがって、周が滅亡することは、その守護神である蒼帝霊威仰の保護が終わることを意味する。

それでは、蒼帝霊威仰に代わって、儒教以外、たとえば「黄天」（中黄太乙）を守護神とする黄巾の国家が形成されるのか、と言えばそうではない。儒教の最高神である昊天上帝は、周の興廃にかかわらず君臨し続ける。そして、周［木徳、シンボルカラーは蒼《あお》］に代わる、漢［火徳、シンボルカラーは赤］の守護神である赤帝赤熛怒《せきていせきひょうど》を感生帝・守護神とする劉邦が、漢を建国するのである。鄭玄は、劉邦の母の劉媼《りゅうおう》が夫を持ちながらも、赤龍《せきりゅう》に感じて劉邦を生んだことをその証拠とする。赤龍は、感生帝である赤帝赤熛怒の精である。劉邦が、それに感じた母より生まれたからこそ、漢は四百年に及ぶ天命を得たのである。いま、漢が天命を失いつつあるとすれば、五行の順序から言って、黄帝含枢紐《がんすうちゅう》［土徳、シンボルカラーは黄色］を感生帝とする受命者が、地上に現れているはずである。それは、決して昊天上帝を否定する張角ではない。

このように、鄭玄の六天説は、至高神である昊天上帝のほかに、五行を主《つかさど》り、歴代の王者の受命帝となる蒼帝霊威仰［木を主る］→赤帝赤熛怒［火を主る］→黄帝含枢紐［土を主る］→白帝白招拒《はくていはくしょうきょ》［金を主る］→黒帝汁光紀《こくていじゅうこうき》［水を主る］の五帝［五天帝］という、六種類の天帝を設定する思想である。そして、鄭玄は、天の祭祀を二つに大別し、昊天［昊天上帝］を圜丘《えんきゅう》［天を象徴する円形の祭壇］に祀り［これを圜丘祀天《えんきゅうしてん》と呼ぶ］、上帝［五天帝］を南郊で祭るべきである［南郊祭天《なんこうさいてん》］という。昊天上帝は、六天の中で最高の地位を占め、皇天《こうてん》上帝《じょうてい》・天皇大帝《てんこうたいてい》とも呼ばれ、天全体を主宰する最高神である。これに対して五天帝は、王者の先祖を生ませた天［感生帝］である。南郊では正月に、王者の祖である感生帝より生まれた始祖［周であれば后稷、漢であれば劉邦］を配侑《はいゆう》［あわせ祭ること］して、五天帝［周であれば蒼帝霊威仰、漢であれば赤帝赤熛怒］を祭る［南郊祭天］。そして、このほかに、冬至には圜丘で昊天上帝を祀る［圜丘祀天］。こうして、鄭玄は、なぜ漢が滅亡するのか、漢に代わる国家が、それでもなお儒教の天の保護を受けるのかを説明した。六天説により、「漢に代わるもの」の存在を予言したと考えてよい。

後漢を革命して曹魏を建国した文帝《ぶんてい》［曹丕、曹操の嫡長子］の子、明帝《めいてい》［曹叡《そうえい》］は、青龍《せいりゅう》五（二三七）年一月、土徳の象徴である黄龍の出現が報告されると、曹魏を地統《ちとう》、建丑《けんちゅう》の月を正月《せいげつ》とする正朔［暦法］の改制を行い、景初《けいしょ》と改元して、三月より楊偉《ようい》の作製した景初暦を施行することとした。そして、六月には、七廟制に基づき祖先の祭祀のあり方を定め、十月に洛陽の南の委粟山《いぞくさん》に圜丘を造営する。十二月の冬至、明帝は、初めて圜丘で昊天上帝を祭祀した。ここに、六天説を特徴とする鄭玄説に基づく祭天儀礼が施行される。こうして、「漢に代わるもの」が天下に明示されたのは、黄巾の乱から五十年が経ち、献帝《けんてい》と諸葛亮が卒した二三四年から三年後の、景初元（二三七）年のことであった。

2　儒教への挑戦

鄭玄は、曹操と袁紹との天下分け目の官渡の戦いが起きた建安《けんあん》五（二〇〇）年に卒した。偶然ではない。袁紹は、以前から親交のあった老大儒を参戦させるため、故郷の高密県《こうみつ》より鄭玄を官渡に呼び出したのである。七十四歳であった鄭玄は、官渡に赴く途上、元城県《げんじょう》で力尽きた。その歳の春、鄭玄は夢に孔子を見た。自分の死期を悟った鄭玄は、病をおして官渡まで、「漢に代わるもの」を見届けに行こうとしたのである。

鄭玄死後の「三国志」の時代については、本書と同じく中公新書で『三国志』を著しているので、詳細はそちらに譲ることにしたい。ここでは、あくまで漢の視座から「三国志」を見ていくことにする。

袁紹を破った曹操は、果敢にも儒教に挑戦した。鄭玄のように「漢に代わるもの」を見つけられなかった儒者たちが、「聖漢」に固執し、四百年を過ぎて制度疲労を起こしていた「漢」をそのまま継続しようとしていたからである。曹操は時代に適応した、あるいは時代を先取る制度を漢の軛《くびき》を打破して、打ち立てたかった。曹操の覇業に最も功績を挙げた荀彧ですら、「漢家の故事」を打ち破り、魏「公」になろうとした曹操と対峙し、覚悟のうえで曹操の魏公就任に反対し、曹操からの賜死を受け容れた。「聖漢」の呪縛は、それほどまでに強かったのである。

後漢の寛治をそのまま継続しようとした袁紹を打倒した曹操は、法刑を重視する猛政《もうせい》など革新的な政治を行い、漢帝国とは異なる制度により、中国の再統一を目指していく。一方、劉備を補佐する蜀漢の諸葛亮は、法を厳しく運用するなど、曹操に似た革新的な政策をあくまで漢と儒教の範囲内で施行し、漢を再建することにより中国の再統一を目指した。隋唐帝国（五八一～六一八年、六一八～九〇七年）は、曹操の革新政治を継承して中国を再統一する。だが、南宋の朱子《しゅし》（一一三〇～一二〇〇年）は、「漢」を最後まで守ろうとした諸葛亮を高く評価する。

曹操の軍事的基盤である青州兵《せいしゅうへい》は、青州黄巾の信仰と集団を維持することを許し、曹操直属の兵戸《へいこ》［税の代わりに兵役を負担］として再編したものである。劉備と諸葛亮が攻め滅ぼした益州《えきしゅう》の劉璋《りゅうしょう》も、父の劉焉《りゅうえん》が黄巾系の馬相《ばそう》の乱の参加者を許して軍隊に再編した東州兵《とうしゅうへい》という同種の集団を持っていた。だが、諸葛亮がそれを継承して、劉備直属の軍事基盤とすることはなかった。諸葛亮は、南征を行い、蛮夷を徴兵して軍隊に編成し、王平《おうへい》に率いさせた。第一次北伐の際、馬謖《ばしょく》が街亭《がいてい》で敗れたあと、張郃《ちょうこう》をくい止めた部隊である。

諸葛亮のように異民族を軍に編入することは、漢の常套《じょうとう》手段であった。これに対して、宗教反乱を許して、その宗教を維持させたまま軍に編成することは、曹操の独創である。儒教以外の宗教を保護していくことは、儒教への挑戦と言ってよい。やがて道教の源流の一つとなる五斗米道《ごとべいどう》は、曹操を「真人《しんじん》」［儒教でいう聖人］と位置づけ、その即位を勧進することで権力に接近していく。北魏《ほくぎ》における道教、隋における仏教の先駆をここに見ることができよう。

ただし、青州兵は、そのままでは隋唐帝国の基盤にならなかった。租税を負担せず、代々兵を出す兵戸は、次第に一般の民戸より劣った家と蔑視されるようになり、軍の質を落とした。このため西魏《せいぎ》は、一般農民を兵にして農閑期に軍事訓練を行う府兵制《ふへいせい》を創設して、それが隋唐帝国へと継承される。日本の農民が防人《さきもり》として九州の北辺を守るようになる制度の起源である。

曹操の経済的基盤である屯田制《とんでんせい》は、軍屯《ぐんとん》と民屯《みんとん》に分かれる。軍隊が戦いのない時に耕作に従事する軍屯は、漢でも行われていた。諸葛亮も五丈原《ごじょうげん》の戦いの際には行っている。これに対して、曹操の屯田制の特徴となる民屯の耕作者は、民間から強制徴募されたものが多く、収穫の五割ないし六割が国家の収入とされた。この経営形態は、豪族の大土地所有と大差なく、皇帝がそれに倣って国有地の大経営を行うものであった。しかも、屯田民に対する支配は、一般民に対する郡県制とは別に、典農中郎将《てんのうちゅうろうしょう》などの典農官によって行われた。すべての民の田を等しくしようとする『孟子』や『周礼』に記される儒教理念における井田《せいでん》の理想を逸脱する制度である。これも漢や儒教を超える試みと考えてよい。

曹操の政治的基盤となる官僚を選出する人事基準にも、儒教への挑戦が見られる。曹操は、管仲《かんちゅう》［春秋時代に斉の桓公を輔けて最初の覇者とした］のように貪欲であっても、前漢初期に活躍した陳平のように嫂《あによめ》と密通し賄賂を受けても、「唯才《ただざい》」だけを基準に察挙を行うことを天下に宣言した。これは「孝廉」であること、すなわち人間の徳性が、官僚としての才能を保証する、という儒教理念に基づいて行われてきた、後漢の郷挙里選の否定である。さらに、曹操は、主観的な価値基準である「文学」による人事を試み、儒教一尊に揺さぶりをかける。

こうした曹操からの儒教への挑戦を受けて、儒教は漢を「聖漢」と位置づける経義を離れ、漢魏《かんぎ》革命を容認していく。こうして曹操は、自らの天下平定に向けて、漢を超える制度を施行し、曹丕の曹魏建国を妨げる旧来の儒教を排除したのである。

3　漢を継ぐもの

四百年続いた「聖漢」をすべての人々が見捨てた訳ではない。党錮の禁を受けながらも、祈るように「聖漢」の存続を儒教から模索したものがいる。何休《かきゅう》である。鄭玄（一二七～二〇〇年）とほぼ同じ時代を生きた何休（一二九～一八二年）は、漢の儒教の中心であった『春秋公羊伝』の注である『春秋公羊伝解詁《かいこ》』を著し、「聖漢」の「大一統《だいいっとう》」〔中国統一〕が理想であると説き続けた。

『春秋公羊伝』は、哀公十四年に終わる。その年に孔子が獲麟〔麒麟が捕らえられた事件〕により、自らの天命を知ったことを重視するためである。麒麟は、鳳凰などと並ぶ聖獣で、本来、聖王の政治が行われた場合の瑞祥として現れるものであった。ところが、哀公という聖王とはほど遠い君主の乱れた世に、時ならずして麒麟が現れ、しかも麒麟は死に、何の動物か分からなかったため、博学な孔子にこれを聞くものがあったのである。

孔子は、これにより周の滅亡と漢の興隆を知り、漢のために『春秋』を著すことが天の命であると知った。それは、『春秋』により、大乱をおさめるための「法」［統治の原則］を漢に授けるためであった、と何休は言う。そうであるならば、『春秋』の記述のなかには、漢の衰退を回復させる「法」も含まれているはずである。何休は、『春秋公羊伝』宣公《せんこう》十五年の注で、理想的な土地制度として井田法を施行すべきことを主張している。孔子の残した「撥乱《はつらん》の法」［乱をおさめるための統治方法］と信じたのであろう。だが、曹魏の屯田制はこれに基づくものではなかった。それでも、何休は祈るように、孔子と「聖漢」との関係を説き続ける。

　そもそも公羊伝は、周に代わるべき「後世の聖人」が、漢であるとは明記していない。これに対して、公羊伝に付けた何休の注は、「聖漢」が王となることを孔子が待ち望んでいた、と明記する。無冠であるが真の王者である「素王《そおう》」の孔子が、後世の「聖漢」のために、真の王者たるものの「法」を『春秋』において指し示している。何休に代表される公羊家の「孔子素王説」は、後漢末の混乱期においても、このように説いて「聖漢」の正統性を主張し続けていた。公羊伝は、漢のための『春秋』解釈であった。ゆえに、漢の滅亡後、魏晋南《ぎしんなん》北朝《ぼくちょう》の動乱期を超えて、唐の「五経正義」の一つに選ばれるには至らなかった。唐では、『春秋』は、『春秋左氏伝』が尊重される。何休と公羊伝は、ともに漢に殉じたのである。

一方、同じく漢を最後まで守ろうとした諸葛亮の行動基準は、『春秋左氏伝』に置かれている。諸葛亮が、司馬徽から学んだ「荊州学」は、『春秋公羊伝』を中心とする後漢の伝統的な儒教とは一線を画すとともに、鄭玄説に対する最初の異議申し立てをした。荊州学では、『周礼』『儀礼』『礼記』の「三礼《さんらい》」、とりわけ『周礼』により諸経を体系化する鄭玄に対して、『春秋左氏伝』を中心に据える。戦乱の春秋時代を歴史的に描いた『春秋左氏伝』は、乱世を治めるための具体的な規範を多く含んでいたからである。諸葛亮が自らの行動規範を『春秋左氏伝』に求めたのは、このためである。

荊州学の特徴は、人間中心の合理主義的な経典解釈にあった。このため、漢代の儒教、さらにはそれを集大成しながら次代の規範を示そうとした鄭玄の経典解釈で大きな役割を果たした緯書の宗教性に批判を向けた。天が「赤帝赤熛怒」などという名を持ち、赤龍を媒介として人を妊娠させるはずなどない、と考えるのである。

また、荊州学は、儒教を「経世済民《けいせいさいみん》」［国家を経営し民を救う］に役立てることを重視した。司馬徽は、かれら自身を単なる学者とは峻別し、時務を識る「俊傑《しゅんけつ》」と位置づける。その司馬徽の友人である龐徳公《ほうとくこう》から、次代を担う「名士」との意味で、「臥龍《がりょう》」［まだ世の中に顕れていない龍」と評価されたものが、諸葛亮であった。諸葛亮は、自らを管仲・楽毅《がくき》「戦国時代の燕の将軍で斉をほぼ征服した」に準え、宰相と将軍の才能をともに磨き、国家の経営にあたることを抱負としていた。したがって、劉備を輔佐して蜀漢を建国し、曹魏への北伐《ほくばつ》に向かい、五丈原の陣中に没した諸葛亮が、儒教の経義を議論することはなかった。蜀漢の国制は後漢を継承していたし、何よりも諸葛亮にはその暇《いとま》がなかったのである。

荊州学を司馬徽とともに支えた宋忠《そうちゅう》から学問を受け、鄭玄学に対する異議申し立てを経典解釈として展開したものは、王肅《おうしゅく》である。王肅は、鄭玄説に基づく曹魏の明帝の礼制改革に反発する中から、自らの経学を練りあげ、緯書を否定する合理的解釈を生み出した。王肅の緯書否定は、やがて南宋の朱子にも継承される。

しかし、朱子が尊重したものは、王肅ではなく諸葛亮であった。それは、諸葛亮が、「古典中国」となっていく「漢」の最終的な継承者であることによる。主君劉備が漢室の一族と称し、漢室復興を国是に曹魏と戦い続けたためだけではない。諸葛亮は、後漢「儒教国家」で確立した儒教一尊の価値観の正統な後継者であった。曹魏の基礎を築いた曹操は、多様な価値観を尊重して、六朝から隋唐の貴族文化の魁《さきがけ》となった。先進的・革新的と評してよい。これに対して諸葛亮は、荊州学に基づき法刑を重視するなどの新しみを加えながらも、儒教一尊の価値観を守り続けた。次代を切り開く存在とは成り得なかった。あくまで「漢」の伝統を継承する保守本流である。このため、中国が自身の古典として「漢」を振り返ったとき、たとえば朱子は諸葛亮をきわめて高く評価した。長期的には諸葛亮が「漢」民族の規範となったことを『三国志演義《えんぎ》』は今に伝えるのである。

4　漢の古典化

『史記』と『漢書』は、前漢の高祖劉邦から武帝期までは、記述が重複する。もちろん、先行する『史記』の文章を『漢書』が踏襲することは多い。だが、班彪の『史記』批判を踏まえて著された『漢書』は、『史記』とは異なる体裁と記述を持つ史書となっている。したがって、両者の優劣を論ずる議論が、後漢・三国時代以降、繰り広げられていく。

梁《りょう》の劉《りゅう》勰《きょう》『文心《ぶんしん》雕《ちょう》龍《りょう》』史伝篇は、『史記』と『漢書』を比較し、それぞれ二点ずつその長所と短所をあげている。『史記』については、事実を有りのままに記して隠蔽しないこと［実録と評される］、博識で雄弁な才能を持つこと［小説的な文章表現］を評価し、怪奇を好んで経書に反すること、執筆方針が矛盾することを批判している。『漢書』については、経書を大本として聖人を基準とする執筆方法と多方面にわたる豊かな叙述を評価し、親の功績を忘れてその美点を盗んだ罪［班固は父班彪の『後伝』という著作を『漢書』執筆に利用している］、賄賂を求めて文章を売り物にした過ち［これは誤解］を批判している。ともに二点ずつの長所と短所であるため、劉勰は『史記』と『漢書』を同列視しているように見える。しかし、史とは何かという記述を見ると、劉勰が評価しているものは『漢書』であることが分かる。

史籍が著作されるのは、あらゆる人物を取りあげて、これを千年の後に伝え、盛衰を明らかに表し、興廃をみる殷の鑑とするためである。……（したがって、史を著す際には）義を立て言葉を選ぶには、経書に依拠して則《のり》を立てなければならない。（何を）勧め（何を）戒め（何を）是とし（何を）否とするかは、必ず聖人（の規範）に附すことを宗《むね》としなければならないのである。　　　　『文心雕龍』史伝篇

劉勰は、史は興廃を照らしみる「鑑」であるという『詩経』以来の儒教的歴史観に基づき、史を著す際にも、経書と聖人に依拠しなければならないとする。『漢書』の美点として掲げていたことと、そのまま同じである。劉勰が、儒教に基づき規範としての「古典中国」を描いた『漢書』を高く評価していることが分かる。

また、梁をはじめとする南朝《なんちょう》は、華北を胡族《こぞく》に奪われたため、「漢」を理想としていた。はるかに遠い周ではなく、武帝のときに匈奴を撃破した中国の「古典」時代である「漢」を

断代史として描く『漢書』が、高い評価を受ける理由はここにもある。

　南北朝を統一した隋、そして唐においても、『漢書』への高い評価は続いた。『漢書』学は、儒教の『礼記』学、文学の『文選』学と並んで、唐初の「三顕学《さんけんがく》」と評された。貞観《じょうがん》十五（六四一）年、『漢書』に注をつけた顔師古《がんしこ》は、『三国志』に注を付けた劉宋の裴松之《はいしょうし》が創設したさまざまな史料を挙げて内的・外的史料批判を行う「史」の方法ではなく、訓詁を基本とし、字音、さらに名物・制度を解釈した。『漢書』という「史」を「経《けい》」の注釈方法で解釈したのである。顔師古は、『漢書』を経書に準えて注を付けた。『文心雕龍』が『史記』と比べて評価した、経書と聖人に依拠する『漢書』の特徴に適した注であると言えよう。

　初唐の劉知幾《りゅうちき》も、史学理論の書である『史通《しつう》』において、『漢書』を『史記』よりも評価するように、経典に準ずる扱いを受けた『漢書』に対して、『史記』は不遇であった。なかには、韓愈《かんゆ》のように『史記』を高く評価するものもあった。それでも韓愈と同時代の孟郊《もうこう》が、詩において近づくべき理想として漢を挙げるように、「古典中国」となった漢を規範として描く『漢書』への評価は下がらなかった。韓愈を自らの道統《どうとう》に位置づけている南宋の朱子ですら、『史記』は疎《そ》にして爽《そう》であり、『漢書』は密にして塞《さい》である、と双方の長所を認めている。明代の古文辞派《こぶんじは》のように『史記』を高く評価するものたちもいたが、おしなべて前近代においては、『漢書』の評価の方が高かった。規範となる「古典中国」を描く『漢書』が尊重されたのである。

これに対して、近代以降は『史記』の文学性が評価されていく。近代は、「古典中国」を自らの規範とはしないためである。たとえば、近代中国文学の父魯迅《ろじん》は、『史記』について、『春秋』の義に背《そむ》くといっても、もとより史家の絶唱であり、無韻《むいん》の「離騒《りそう》」であることを失わない、と述べて、『史記』の文学性を『楚辞《そじ》』の離騒〔屈原作と伝えられる長大な叙事詩〕に準えて高く評価している。漢を「古典」とは考えない「近代中国」になって、『漢書』は「史」の王者の地位を失った。しかし、その時代には、中国は、自らの主要構成民族を「漢」民族と呼ぶようになっていた。

「漢」が「古典中国」であることが失われることはなかったのである。

終章　漢帝国と「古典中国」

漢帝国は、四百年以上の長きにわたり中国を支配するとともに、「古典中国」となることで、後世に大きな影響を与えた。「古典中国」は、「儒教国家」の国制として後漢の章帝期に白虎観会議により定められた中国の古典的国制と、それを正統化する儒教の経義により構成される。それは、具体的な支配体制としては、中央集権的な官僚制として現れる。最後の中華帝国である清を打倒した辛亥《しんがい》革命は、省ごとの独立として実現した。換言すれば、中央集権的な官僚制に基づく統一国家を理想とする「古典中国」を解体することで、近代をもたらしたのである。しかし、それは西欧の議会制民主主義の導入によって果たされたものではない。辛亥革命の後においても、地方自治か中央集権かという議論は、「古典中国」で政治形態を語る際に漢の郡国制から議論されてきた、「封建」か「郡県」かという図式により行われた。中国の近代化、すなわち欧米化が日本に比べて進まなかった理由の一つには、「古典中国」の影響力が近代にまで及んでいたことがある。

中国を「持続の帝国」と呼んだヘーゲルは、「古典中国」から変わらない官僚制を停滞と見た。西欧や日本の中世に存在したような封建諸侯が中国に存在したことはなく、有力者は諸侯よりも高級官僚となることを求めた。それは、「古典中国」の形成により、すべての権威が国家へと収斂《しゅうれん》されてきたことによる。権威の収斂のために行われた官僚登用制度は、漢帝国では任子《にんし》制から郷挙里選へ、そして曹魏以降の九品中正《きゅうひんちゅうせい》、隋唐以降の科挙《かきょ》制へと変化した。それでも、すべての権威を国家に収斂し、官僚を最高の支配者とするかたちは、「古典中国」がそのまま継承されていく。

また、中国の近代文学の祖となった魯迅《ろじん》が、『狂人日記』を著して「儒教が人を食ってきた」と批判する中から、近代文化が生まれたように、「古典中国」の中核に置かれた儒教はまた、中国の文化をも支配し続けた。漢帝国において、黄老に勝利をおさめた儒教は、一時、隋の時代に仏教に敗れたことはあるものの、道教・仏教の挑戦を退け続けた。その強さは、儒教が、漢＝古典中国を支える理念であったことに求められるのである。

漢帝国は、後世から「古典中国」と捉えられることで、中国の主要民族名を「漢」民族、その文字を「漢」字と呼ぶことに、その名を刻み続けているのである。

あとがき

一昨年、『後漢書』の全訳を完成した。二〇〇〇年から始めたので、足かけ十七年掛かったことになる。もともと吉川英治の『三国志』が好きで中国に関心を持ったので、卒業論文は『蜀漢政権論—その人的構成を中心として』という諸葛亮を中心とした政治史を書いた。一人ひとりの伝記を楽しく書いたので、原稿用紙で四〇〇枚を超え、担当教官の野口鐵郎先生からは、「山高きが故に尊からず」とご批判をいただいた。しかし、大学院に進んでからは、しばらく「三国志」の研究はせず、後漢時代の研究に専念した。博士論文は、『後漢国家の支配と儒教』という思想史からみた後漢の政治史となった。そののち、三国時代の研究に戻り、『三国政権の構造と「名士」』という本で、諸葛亮たち「名士」と三国政権それぞれとの関わりを追究した。

なぜ、「三国志」の研究がしたいにもかかわらず、後漢の研究をしたのかと言えば、後漢で完成した中国の原基、すなわち、本書でいう「古典中国」の規定力の強さが理解できなければ、諸葛亮がなぜ命を賭けて「漢」を守り続けようとしたのか、理解できないと考えたためである。

しかし、諸葛亮が懸命に守ろうとした蜀「漢」は、曹操が基礎を築いた曹魏を打倒することができなかった。後漢「儒教国家」は、限界を迎えていたのである。後漢「儒教国家」で形成された「古典中国」を規範としながらも、社会の変動に応じた新たな国家の在り方が模索されていたのである。それを最も先鋭的な形で成し遂げようとした曹操の曹魏は、司馬氏に打倒された。それでも、司馬懿の孫である司馬炎が形成した西晉「儒教国家」では、曹操が目指した支配体系が儒教に基づく律令体制へと再編され、やがて隋唐帝国へと継承されていく。「古典中国」の最後となった隋唐帝国の国家体制が社会の変動に合わなくなったとき、唐宋変革が起こり、それにあわせて「近世中国」の経義を朱熹（朱子）がまとめていく。それでも、朱熹が諸葛亮を「三代」以来唯一となる「義」の政治家と称えたように、「近世中国」は、「古典中国」を典範とし、それを守ろうとした諸葛亮を評価するものであった。

前著の『魏志倭人伝の謎を解く』（中公新書、二〇一二年）の直後に、その前に書いた『三国志』を遡る『漢帝国』の執筆依頼をいただいていた。しかし、結局、『後漢書』の全訳が終わるまで、完成することはできなかった。『後漢書』を全訳し終わるまでは、「漢帝国」の全貌が見えなかったためである。その間、ひたすら原稿を待ち続けていただいた、中公新書編集長の田中正敏氏に感謝を捧げたい。

二〇一八年九月一一日　高密市に鄭玄の墓を訪ねた夜に

渡邉義浩

さらに深く知りたい人のために

訳書

- 小竹文夫・小竹武夫（訳）『史記』（筑摩書房、一九六二年、ちくま学芸文庫、九五年）
  『史記』の全訳。文庫本になって入手しやすくなった。
- 小竹武夫（訳）『漢書』（筑摩書房、一九七七〜七九年、ちくま学芸文庫、九七〜九八年）
  『漢書』の全訳。文庫本になって入手しやすくなった。
- 渡邉義浩（主編）『全訳後漢書』（汲古書院、二〇〇一〜一六年、全十九冊）
  『後漢書』の全訳。李賢注・志・劉昭注まで訳している。

一般書

- 西嶋定生『秦漢帝国』（講談社、一九七四年、講談社学術文庫、九七年）
  個別人身支配を秦漢帝国の支配意思とする西嶋の概説書。今も最も重要な概説である。
- 鶴間和幸『ファーストエンペラーの遺産―秦漢帝国』（講談社、二〇〇四年）
  新発見の出土資料を踏まえた、新しい概説書である。
- 渡邉義浩『春秋戦国』（洋泉社、二〇一八年）
  本書の前編にあたる。やや易しい。
- 渡邉義浩『王莽―改革者の孤独』（大修館書店、二〇一二年）

本書の第五章をさらに詳細に論ずる。やや難しい。
・石井　仁『曹操―魏の武帝』（新人物往来社、二〇〇〇年、新人物文庫、二〇一〇年）
曹操に関する卓越した伝記。
・渡邉義浩『三国志―演義から正史、そして史実へ』（中公新書、二〇一一年）
本書の後編にあたる。演義との違いから史実に迫る。
・渡邉義浩『儒教と中国―「二千年の正統思想」の起源』（講談社選書メチエ、二〇一〇年）
儒教のあり方を後漢・三国・西晉を通じて論じたもの。やや難しい。
・渡邉義浩『「三国志」の政治と思想―史実の英雄たち』（講談社選書メチエ、二〇一二年）
三国時代の知識人層である「名士」を分析概念とする三国時代の概説。やや難しい。
・渡邉義浩・仙石知子『三国志「その後」の真実』（SBクリエイティブ、二〇一六年）
五丈原の戦いの後の三国志と西晉「儒教国家」の概説。

研究書・論文

・板野長八『儒教成立史の研究』（岩波書店、一九九五年）
・加賀栄治『中国古典解釈史』魏晉篇（勁草書房、一九六四年）
・川勝義雄『六朝貴族制社会の研究』（岩波書店、一九八二年）
・佐藤武敏『司馬遷の研究』（汲古書院、一九九七年）
・重澤俊郎「今古文学の本質」（『支那学』九―四、一九三九年）
・津田左右吉『津田左右吉全集』巻二十（岩波書店、一九六五年）

・内藤湖南『内藤湖南全集』巻十一（筑摩書房、一九六九年）
・西嶋定生『中国古代帝国の形成と構造―二十等爵制の研究』（東京大学出版会、一九六一年）
・西嶋定生『中国古代国家と東アジア世界』（東京大学出版会、一九八三年）
・日原利国『漢代思想の研究』（研文出版、一九八六年）
・福井重雅『漢代儒教の史的研究』（汲古書院、二〇〇五年）
・藤田勝久『史記戦国列伝の研究』（汲古書院、二〇一一年）
・堀池信夫『漢魏思想史研究』（明治書院、一九八八年）
・吉川幸次郎『吉川幸次郎全集』巻六（筑摩書房、一九六八年）
・吉川忠夫『六朝精神史研究』（同朋舎出版、一九八四年）
・渡辺信一郎『中国古代の王権と天下秩序』（校倉書房、二〇〇三年）
・渡辺信一郎『中国古代の財政と国家』（汲古書院、二〇一〇年）
・渡邉義浩『後漢国家の支配と儒教』（雄山閣出版、一九九五年）
・渡邉義浩『三国政権の構造と「名士」』（汲古書院、二〇〇四年）
・渡邉義浩『後漢における「儒教国家」の成立』（汲古書院、二〇〇九年）
・渡邉義浩『西晉「儒教国家」と貴族制』（汲古書院、二〇一〇年）
・渡邉義浩『「古典中国」における文学と儒教』（汲古書院、二〇一五年）
・渡邉義浩『三国志よりみた邪馬台国』（汲古書院、二〇一六年）
・渡邉義浩『「古典中国」における小説と儒教』（汲古書院、二〇一七年）

漢帝国 関連年表

年	皇帝	出来事
前二二一	始皇帝	秦王政が中国を統一し、始皇帝と称する
前二〇九	二世皇帝	陳勝・呉広の乱
前二〇六		子嬰が劉邦に降伏し、秦が滅亡。鴻門の会
前二〇二	高祖	垓下の戦いで劉邦軍が項羽軍を破り、楚が滅亡。劉邦が皇帝に即位（高祖）
前二〇〇		白登山の戦いで冒頓単于率いる匈奴に敗れる
前一九六		韓信が呂太后に誅殺される
前一九五	恵帝	高祖が崩御し、劉盈が即位（恵帝）
前一八八	少帝（恭）	恵帝が崩御し、劉恭が即位（少帝）
前一八四	少帝（弘）	少帝恭が呂太皇太后により殺害され、劉弘が即位（少帝）
前一八〇	文帝	呂氏が打倒され、陳平らにより劉恒が即位（文帝）
前一七八		田租の半減
前一六八		田租の半減
前一六七		田租の全免、肉刑を廃止
前一五七	景帝	文帝が崩御し、劉啓が即位（景帝）
前一五四		呉楚七国の乱

前一四一	武帝	景帝が崩御し、劉徹が即位（武帝）
前一三五		実権を握っていた竇太皇太后が崩御
前一三三		武帝が親政を開始。馬邑の役で匈奴との戦争が始まる
前一二九		第一回の匈奴遠征。四人の将軍のうち衛青だけが勝利
前一二七		推恩の制を定める。第三回の匈奴遠征で衛青が白羊王、楼煩王を破る。オルドスを奪い、朔方郡を置く
前一二六		西域に派遣されていた張騫が匈奴の捕虜から脱出し帰国
前一二四		第四回の匈奴遠征で衛青が右賢王を破る
前一二一		霍去病が匈奴を撃破。敦煌など河西四郡を置く
前一一九		張騫が烏孫へ使者として赴く。第七回の匈奴遠征で衛青と霍去病が勝利
前一一五？		武帝が元号を制定。遡って、即位の翌年を「建元」元年とする
前一一二		酎金律により一〇六人の列侯が国を失う
前一〇一		李広利が大宛に遠征し勝利
前一〇〇		匈奴からの和議提案を受け、派遣された蘇武が抑留される（前八一年に帰国）
前九九		李広利が匈奴に大敗し、李陵が捕虜となる（前七四年没）
前九一		司馬遷が『史記』を完成させる。巫蠱の獄を受け、皇太子の劉拠が挙兵するも敗れ、自殺
前八七	昭帝	武帝が崩御し、劉弗陵が即位（昭帝）
前八一		塩・鉄・酒の専売と均輸・平準の法の是非をめぐる論争で、桑弘羊が賢良らに敗れる（塩鉄論争）
前八〇		上官桀と桑弘羊が劉旦の擁立を企てるが失敗
前七四	廃帝	昭帝が崩御し、実権を握っていた霍光は劉賀を擁立（廃帝）するがすぐ廃位し、劉病

漢帝国 関連年表

	宣帝	已を後継とする（宣帝）
前六六		宣帝が、霍光の死去（前六八年）後も実権を握っていた霍氏一族を打倒
前五一		呼韓邪単于が来朝し、漢に屈服。石渠閣会議を開催
前四九	元帝	宣帝が崩御し、劉奭が即位（元帝）
前四八		翼奉が儒教経義に基づく国のあり方を提言
前四四		塩と鉄の専売を中止（前四一年まで）
前四〇		貢禹が七廟合祀を提案。郡国廟の廃止
前三三	成帝	元帝が崩御し、劉驁が即位（成帝）
前七	哀帝	成帝が崩御し、劉欣が即位（哀帝）
前一	平帝	哀帝が崩御し、劉衎が即位（平帝）。元太皇太后が王莽に全権を委ねる
四		王莽が宰衡の地位に就く。礼制改革に着手（元始中の故事）
五		王莽が九錫を受ける。平帝が崩御すると、王莽は「居摂践祚」し即位（翌年、劉嬰を皇太子に立てる）。王莽が長安の南北郊祀を確定し、古典的国制が完成
七		翟義の乱
八	王莽	王莽が新を建国し、即位
二二		劉縯が王莽打倒のため挙兵
二三	更始帝	劉玄が更始帝となる。昆陽の戦いで劉秀が王莽に勝利。王莽は長安で反乱を起こした豪族に殺害される
二四		劉秀が王郎を破り、誅殺
二五	光武帝	劉秀が即位（光武帝）。更始帝は赤眉に降伏し殺害される
三六		蜀の公孫述を滅ぼし中国統一

五七	明帝	光武帝が崩御し、劉荘が即位（明帝）
七三		竇固が北匈奴を攻め、班超らの活躍で勝利
七五	章帝	明帝が崩御し、劉炟が即位（章帝）
七六〜八四		建初年間に班固が『漢書』の執筆を終える
七九		白虎観会議
八七		班超が西域諸国連合軍を破り、莎車国を漢の支配下に
八八	和帝	章帝が崩御し、劉肇が即位（和帝）
九一		班超が亀茲国を降伏させる
九二		和帝が竇憲を自殺に追い込む
九四		班超が焉耆国等を撃破し、西域を平定
九七		班超が部下の甘英を大秦（ローマ帝国）へ派遣するも、条支（シリア）で引き返す
一〇五	殤帝	和帝が崩御し、幼い劉隆が即位（殤帝）
一〇六	安帝	殤帝が崩御し、劉祜が即位（安帝）
一二五	少帝（懿）	安帝が崩御し、劉懿が即位するも間もなく崩御（少帝）
	順帝	少帝懿が崩御し、劉保が即位（順帝）
一四四	沖帝	順帝が崩御し、劉炳が即位（沖帝）
一四五	質帝	沖帝が崩御し、劉纘が即位（質帝）
一四六	桓帝	質帝が崩御し、劉志が即位（桓帝）
一六六		第一次党錮の禁。大秦王安敦（ローマ皇帝マルクス＝アウレリウス＝アントニヌス）の使者が日南郡に到着
一六八	霊帝	桓帝が崩御し、劉宏が即位（霊帝）
一六九		第二次党錮の禁

漢帝国 関連年表

一八四		黄巾の乱
一八九	少帝（辯）	霊帝が崩御し、劉辯が即位（少帝）
	献帝	少帝が廃位され、劉協が即位（献帝）
二〇〇		官渡の戦いで曹操が袁紹に勝利
二二〇		曹操が死去し、後を嗣いだ曹丕（魏王）に献帝が禅譲し、漢帝国は滅亡

渡邉義浩（わたなべ・よしひろ）

1962（昭和37）年，東京都生まれ．筑波大学大学院博士課程歴史・人類学研究科修了．文学博士．大東文化大学文学部教授を経て，現在，早稲田大学理事・文学学術院教授．大隈記念早稲田佐賀学園理事長．専門は「古典中国」．三国志学会事務局長．

著書『後漢国家の支配と儒教』雄山閣出版，1995年
『三国政権の構造と「名士」』汲古書院，2004年
『儒教と中国―「二千年の正統思想」の起源』講談社選書メチエ，2010年
『三国志―演義から正史、そして史実へ』中公新書，2011年
『魏志倭人伝の謎を解く―三国志から見る邪馬台国』中公新書，2012年
『王莽―改革者の孤独』大修館書店，2012年
『三国志よりみた邪馬台国』汲古書院、2016年
『全譯後漢書』全19巻，主編，汲古書院，2001～16年
など多数．

漢帝国《かんていこく》―400年《ねん》の興亡《こうぼう》
中公新書 *2542*

2019年５月25日発行

著　者　渡邉義浩
発行者　松田陽三

本文印刷　三晃印刷
カバー印刷　大熊整美堂
製　本　小泉製本

発行所　中央公論新社
〒100-8152
東京都千代田区大手町 1-7-1
電話　販売 03-5299-1730
　　　編集 03-5299-1830
URL http://www.chuko.co.jp/

Published by CHUOKORON-SHINSHA, INC.
Printed in Japan　ISBN978-4-12-102542-5 C1222

中公新書刊行のことば

一九六二年一一月

いまからちょうど五世紀まえ、グーテンベルクが近代印刷術を発明したとき、書物の大量生産は潜在的可能性を獲得し、いまからちょうど一世紀まえ、世界のおもな文明国で義務教育制度が採用されたとき、書物の大量需要の潜在性が形成された。この二つの潜在性がはげしく現実化したのが現代である。

いまや、書物によって視野を拡大し、変りゆく世界に豊かに対応しようとする強い要求を私たちは抑えることができない。この要求にこたえる義務を、今日の書物は背負っている。だが、その義務は、たんに専門的知識の通俗化をはかることによって果たされるものでもなく、通俗的好奇心にうったえて、いたずらに発行部数の巨大さを誇ることによって果たされるものでもない。現代を真摯に生きようとする読者に、真に知るに価いする知識だけを選びだして提供すること、これが中公新書の最大の目標である。

私たちは、知識として錯覚しているものによってしばしば動かされ、裏切られる。私たちは、作為によってあたえられた知識のうえに生きることがあまりに多く、ゆるぎない事実を通して思索することがあまりにすくない。中公新書が、その一貫した特色として自らに課すものは、この事実のみの持つ無条件の説得力を発揮させることである。現代にあらたな意味を投げかけるべく待機している過去の歴史的事実もまた、中公新書によって数多く発掘されるであろう。

中公新書は、現代を自らの眼で見つめようとする、逞しい知的な読者の活力となることを欲している。

宗教・倫理

中公新書

世界史

1353 物語 中国の歴史 寺田隆信
2392 中国の論理 岡本隆司
2303 殷―中国史最古の王朝 落合淳思
2396 周―理想化された古代王朝 佐藤信弥
2001 孟嘗君と戦国時代 宮城谷昌光
12 史記 貝塚茂樹
2099 三国志 渡邉義浩
7 宦《かん》官《がん》(改版) 三田村泰助
15 科《か》挙《きょ》 宮崎市定
1812 西《せい》太《たい》后《こう》 加藤徹
166 中国列女伝 村松暎
2030 上海 榎本泰子
1144 台湾 伊藤潔
925 物語 韓国史 金両基
1367 物語 フィリピンの歴史 鈴木静夫

1372 物語 ヴェトナムの歴史 小倉貞男
2208 物語 シンガポールの歴史 岩崎育夫
1913 物語 タイの歴史 柿崎一郎
2249 物語 ビルマの歴史 根本敬
1551 海の帝国 白石隆
2518 オスマン帝国 小笠原弘幸
1866 シーア派 桜井啓子
1858 中東イスラーム民族史 宮田律
2323 文明の誕生 小林登志子
2523 古代オリエントの神々 小林登志子
1818 シュメル―人類最古の文明 小林登志子
1977 シュメル神話の世界 岡田明子 小林登志子
1594 物語 中東の歴史 牟田口義郎
2496 物語 アラビアの歴史 蔀勇造
1931 物語 イスラエルの歴史 高橋正男
2067 物語 エルサレムの歴史 笈川博一
2205 聖書考古学 長谷川修一

2542 漢帝国―400年の興亡 渡邉義浩